Pensiero Positivo in 30 Giorni

Libro Pratico per Pensare Positivo; Allena il tuo Critico Interiore, Smetti di Pensare Troppo e Cambia Mentalità

(Diventa una Persona Consapevole e Positiva)

MASTER.TODAY

Roger Reed

The Journey
of a thousand
miles begins
with a single
step.

-Lao Tzu

Introduzione

Cosa ti viene in mente quando senti l'espressione *"pensiero positivo"*? Immagini che pensare positivo significhi essere sempre ottimisti? O ti fa pensare a un approccio quasi mistico secondo il quale inviare pensieri positivi porterà salute, ricchezza e soddisfazione?

Entrambi questi presupposti non sono che fraintendimenti. Il pensiero positivo consiste nell'imparare a concentrarsi sul buono in qualsiasi situazione. Non significa prendere alla leggera problemi e battute d'arresto. Non significa essere sempre felici, e certamente non significa ignorare la realtà. Significa avvicinarsi a tutto ciò che si fa con l'aspettativa che il risultato sarà positivo. Non sembra molto complicato o difficile, ma in realtà è molto più impegnativo di quanto la maggior parte delle persone pensi. Molti di noi sono condizionati a essere negativi, a temere il peggio piuttosto che aspettarsi il meglio. Possiamo anche non essere consapevoli di questa tendenza, ma si tratta di un atteggiamento che può permeare tutto ciò che facciamo.

Imparare ad aspettarsi il meglio in ogni situazione probabilmente non suona molto impressionante, quindi perché dovrebbe interessarti il pensiero positivo? Un certo numero di studi scientifici ha trovato notevoli legami tra pensiero positivo e miglioramenti nella salute fisica e mentale. Per esempio uno studio del 2006[1] condotto su diverse centinaia di persone dal professor Sheldon Cohen e da un team di ricercatori della Carnegie Mellon University della Pennsylvania ha scoperto che i soggetti del test inclini a PES (*Positive Emotional Style*, traducibile con "stile emotivo positivo") si dimostravano significativamente più resistenti se esposti a un virus. Non solo avevano meno probabilità di riportare sintomi, ma misurazioni accurate hanno confermato che i pensatori positivi erano più in grado di combattere l'infezione. La conclusione dello studio afferma quanto segue.

---

[1] Sheldon Cohen, Cuneyt M Alper, William J Doyle, John J Treanor, Ronald B Turner, *Positive emotional style predicts resistance to illness after experimental exposure to rhinovirus or influenza virus*, Journal of Psychosomatic Medicine, novembre 2006.

«Questi risultati indicano che il PES può avere un ruolo più importante nella salute di quanto non si pensasse in precedenza.»

Altri studi concordano e indicano che, oltre a una migliore resistenza alle infezioni, essere un pensatore positivo abbassa anche significativamente le possibilità di soffrire di pressione alta e attacchi di cuore, fornisce una resistenza superiore al dolore e può anche portare a una maggiore durata della vita. L'idea che il pensiero positivo possa far vivere più a lungo può sembrare un'affermazione stravagante, ma anch'essa è supportata da studi. In uno iniziato nel 1930 dai ricercatori dell'Università del Kentucky[2] è stato chiesto a un gruppo di giovani suore cattoliche di scrivere delle brevi autobiografie. Sorprendentemente, le suore i cui resoconti fornivano un contenuto emotivo positivo vissero, in media, dieci anni più a lungo di quelle che avevano veicolato un contenuto emotivo negativo! Si tratta di un miglioramento più notevole di quello ottenuto tramite uno stile di vita più sano, per esempio con la rinuncia al fumo!

Il miglioramento della salute fisica e la longevità sono già da sole buone ragioni per imparare a pensare positivamente, ma il pensiero positivo fornisce anche profondi miglioramenti alla salute mentale. Non sorprende che sia direttamente collegato alla riduzione della depressione, dell'ansia e dei pensieri suicidi. Ciò che è meno noto è che è anche associato a una migliore creatività, a una maggiore capacità di risolvere i problemi e a una maggiore probabilità di adottare uno stile di vita sano.

Barbara Fredrickson, Ph.D., è Kenan Distinguished Professor presso l'Università della Carolina del Nord a Chapel Hill e direttrice del Laboratorio di Emozioni Positive e Psicofisiologia (PEP) dell'università. In un'intervista per il programma *BeWell* dell'Università di Stanford ha detto:

«Stiamo imparando che le emozioni positive agiscono da nutrienti. Anche se le esperienze di gioia, gratitudine o serenità possono sembrare fugaci e irrilevanti, la scienza sta dimostrando che

---

[2] Deborah D. Danner, David A. Snowdon, e Wallace V. Friesen, *Positive Emotions in Early Life and Longevity: Findings from the Nun Study*, Università del Wisconsin, 2001.

invece influenzano il funzionamento del cervello, aprendo la nostra mentalità verso maggiori comprensività e flessibilità[3].»

Questi studi e la ricerca continua chiariscono che, anche se imparare il pensiero positivo non garantisce ricchezza né successo immediati, ti renderà comunque più sano, ti permetterà di vivere più a lungo e migliorerà il tuo benessere mentale. Il pensiero positivo non è una capacità innata, una caratteristica congenita. È un insieme di abilità e tecniche che possono essere apprese da chiunque, indipendentemente dal suo stato mentale attuale. Questo libro ti insegnerà a diventare un pensatore positivo.

Sei pronto a imparare il pensiero positivo e a cambiare la tua vita in meglio?

---

[3] *The power of positive emotions*, recuperato da https://bewell.stanford.edu/the-power-of-positive-emotions/ , maggio 2021[4] Richard J Davidson Ph.D, Sharon Begley, *The Emotional Life of Your Brain: How Its Unique Patterns Affect the Way You Think, Feel, and Live--And How You Can Change Them*, Avery Publishing Group, 2012

IL TUO REGALO

Vorremmo farti un regalo per ringraziarti di aver acquistato questo libro. Puoi scegliere tra uno qualsiasi degli altri nostri titoli pubblicati.

Puoi avere accesso immediato a qualsiasi nostro libro cliccando sul link qui sotto e iscrivendoti alla nostra mailing list:

https://campsite.bio/mastertoday

I nostri altri libri

Disciplina e Forza Mentale: *Costruisci la Fiducia in te Stesso per Sbloccare Coraggio e Resilienza!*

(Con un Manuale in 10 Passi e 15 Esercizi per Raggiungere i Propri Obiettivi e Cambiare Vita!)

Scopri di più qui:

https://master.today/books/mental-toughness/

Assertività Quotidiana: *Sblocca il tuo io Assertivo e Sicuro, Smettila di Compiacere gli Altri, Stabilisci dei Confini e Di' NO!*

(Libro di Lavoro per Trasformare la Tua Vita e il tuo Modo di Comunicare)

Scopri di più qui:

https://master.today/books

Indice

Introduzione 3

IL TUO REGALO 7

I nostri altri libri 8

Indice 10

Capitolo 1: cos'è il pensiero positivo? 14

Sei un pensatore positivo? 15

Quali sono i benefici del pensiero positivo? 18

Perché pensare positivo è difficile? 21

Si può imparare a pensare positivo? 23

Cosa non è il pensiero positivo 24

Capitolo 2: pensare troppo 25

Cosa vuol dire pensare troppo? 26

Quando pensare troppo diventa un problema 28

I sintomi del pensare troppo 29

Pensare troppo e DAG 31

Overthinking e DOC 33

Troppo pensiero e insonnia 34

Capitolo 3: allenare il critico interiore 35

Che critico interiore hai? 36

Critico interiore vs. nutritore interiore 37

Affrontare un trauma della vergogna 38

Superare i messaggi ingannevoli del cervello 40

Imparare a capire e padroneggiare le emozioni 42

Prestare ascolto al saggio avvocato 44

Capitolo 4: la mentalità del pensiero positivo 46

Come il pensiero positivo può cambiarti la vita 47

Flessibilità vs. rigidità 50

Riaffermare valori e obiettivi di vita 52

Mindfulness e meditazione 56

Come fa la paura a frenarti 59

Una cosa alla volta 61

Dove ti collochi ora? 63

Sviluppare una narrazione di sé positiva 64

C'è sempre da imparare 66

Positività tossica 67

Capitolo 5: strumenti per costruire il pensiero positivo 69

Concentrarsi su valori e obiettivi 70

Usare la meditazione 71

Utilizzare la tecnica RAIN 72

Usare rituali di auto-cura 74

Avere una conversazione consapevole 75

Come affrontare l'inclinazione all'overthinking 77

Umore e alimentazione 79

Esercizio 80

Affermazioni 82

Trovare il tempo per il divertimento 84

Capitolo 6: il potere della gratitudine 85

Quanto sei grato? 86

Il diario della gratitudine 88

La gerarchia delle necessità 90

Essere GLAD, ovvero contenti 91

Meditazione della gratitudine 92

Capitolo 7: non sei solo **93**

Esaminare le relazioni 94

L'influenza delle relazioni 96

Stabilire i confini 98

Imparare ad ascoltare 99

Imparare a parlare 100

Capitolo 8: il piano per il pensiero positivo **102**

Obiettivi e valori 103

Pensiero positivo quotidiano 105

Misurare il progresso 106

Concentrarsi su materiale positivo e motivante 107

Il tuo piano in 30 giorni per il pensiero positivo 109

E adesso? 115

Risoluzione dei problemi 116

Capitolo 9: consigli ed esercizi di pensiero positivo **118**

La valutazione del pensiero positivo 119

Creare una narrazione del trauma 120

Meditazione della gentilezza amorevole 121

Celebrare i successi 122

Scrivere una lettera al proprio io bambino 123

Cose per cui essere grati 124

Movimento consapevole 125

Affrontare l'insonnia 127

Capitolo 10: conclusione **130**

IL TUO REGALO **131**

I nostri altri libri **132**

Capitolo 1: cos'è il pensiero positivo?

Questo capitolo presenta le idee principali del pensiero positivo. Spieghiamo cos'è e, cosa forse altrettanto importante, cosa non è. Ci sono buone prove scientifiche che dimostrano che il pensiero positivo può migliorare notevolmente la salute fisica e mentale, ma alcuni approcci usano il termine per indicare qualcosa di mistico e di non confermato dalla scienza.

Sei un pensatore positivo?

Prima di parlare di come si adottano le abitudini del pensiero positivo, dobbiamo determinare che cosa sono.

Nel libro *The Emotional Life of Your Brain*[4], il fondatore del Center of Healthy Minds presso l'Università del Wisconsin-Madison Dr. Richard J. Davidson cita prove neuroscientifiche per sostenere la sua affermazione che le nostre personalità sono il risultato di una combinazione di sei soli stili emotivi:

- la **resilienza**, che indica come un individuo affronta e si riprende dalle avversità;
- la **prospettiva**, che indica la capacità di mantenere un atteggiamento positivo verso il futuro;
- l'**intuito sociale**, che riguarda la capacità di riconoscere gli indizi non verbali nelle interazioni con gli altri;
- l'**autoconsapevolezza**, che indica la capacità di essere consapevoli delle proprie emozioni, delle proprie sensazioni e dei propri segnali fisici;
- la **sensibilità al contesto**, che indica il modo in cui le risposte emotive e comportamentali tengono conto del contesto della situazione data;
- l'**attenzione**, ovvero la capacità di rimanere concentrati e di ignorare le distrazioni.

Gli stili emotivi sono diversi dagli stati emotivi. Uno stile emotivo rappresenta un modello generale di risposte emotive. Uno stato emotivo è una risposta emotiva transitoria a una particolare situazione. Per esempio, il tuo stato emotivo dopo una battuta d'arresto o una delusione può essere l'infelicità, ma lo stile emotivo generale può rimanere positivo.

All'interno di ciascuno dei sei stili emotivi identificati da Davidson, una persona tende a essere positiva o negativa. Le persone che generalmente ottengono un punteggio elevato in tutte e sei le categorie sono dette

---

[4] Richard J Davidson Ph.D, Sharon Begley, *The Emotional Life of Your Brain: How Its Unique Patterns Affect the Way You Think, Feel, and Live--And How You Can Change Them*, Avery Publishing Group, 2012

caratterizzate da uno stile emotivo positivo (PES). Quelle che ottengono un punteggio meno alto sono dette caratterizzate da uno stile emotivo negativo (NES). Un certo numero di studi suggerisce fortemente che sia possibile modificare gli stili emotivi attraverso un allenamento deliberato e sistematico.

Hai un PES o un NES? La maggior parte di noi sa intuitivamente se tende al positivo o al negativo, ma a volte può essere utile valutare oggettivamente il proprio modello emotivo.

Per farlo, pensa sinceramente a come risponderesti alle seguenti domande sui tuoi stili emotivi.

> **Resilienza.** Rispondi positivamente alle battute d'arresto e ai problemi? Ti riprendi rapidamente? Se qualcosa va storto, è probabile che ritenterai?

> **Prospettive.** La tua visione del futuro è generalmente positiva? Non vedi l'ora di cominciare la giornata quando ti alzi al mattino?

> **Intuito sociale.** Sei consapevole di come si sentono gli altri anche quando non esprimono direttamente i propri sentimenti? Sei mai stato consapevole di come si sente un altro anche se gli altri sembrano non notarlo?

> **Consapevolezza di sé.** Capisci facilmente come e perché le persone rispondono alle tue azioni? Sei generalmente consapevole delle tue emozioni? Sei generalmente consapevole del tuo corpo e delle sensazioni fisiche che provi?

> **Sensibilità al contesto.** Capisci intuitivamente come comportarti in modo appropriato alla maggior parte delle circostanze? Ti accorgi quando gli altri si comportano in modo socialmente inappropriato?

> **Attenzione.** Sei bravo a rimanere concentrato? Sei generalmente in grado di mantenere la concentrazione su un compito fino al suo completamento?

Non si tratta assolutamente di una valutazione completa dei tuoi stili emotivi, ma se rispondi "*Sì*" alla maggior parte delle domande, probabilmente hai un PES. Se generalmente rispondi "*No*", allora potresti avere un NES. Se vuoi fare un test più dettagliato, ce ne sono diversi disponibili online. Uno dei migliori, sviluppato con l'assistenza del Dr. Richard Davidson, si trova sul sito dell'Università del Wisconsin-Madison:

https://uwmadison.co1.qualtrics.com/jfe/form/SV_cOdLb0V5wSgNAkR

Il fatto che tu stia leggendo questo libro suggerisce che sei interessato a imparare a trasformare un NES in un PES. Questo libro ti aiuterà a farlo, mostrandoti come adottare le abitudini del pensiero positivo. Tuttavia, gli stili emotivi spesso non sono coerenti in tutti gli ambiti della nostra vita. Per esempio, potresti essere generalmente positivo e ottimista nelle relazioni personali ma potresti ritrovarti a lottare con la negatività sul lavoro.

Per questo motivo forse dovresti valutare te stesso più di una volta, rispondendo alle domande per diverse parti della tua vita o nei diversi ruoli che ricopri (genitore, collega, amico, partner, etc.). Sii il più specifico possibile quando identifichi le aree in cui la mancanza di pensiero positivo ti trattiene.

Quando sei soddisfatto della tua comprensione della situazione attuale, puoi provare il primo esercizio del capitolo 9, *La valutazione del pensiero positivo*.

Quali sono i benefici del pensiero positivo?

Il fatto che il pensiero positivo e lo sviluppo di un PES abbiano un beneficio diretto per la salute fisica è ormai generalmente accettato dalla maggior parte dei professionisti della salute. Così tanti studi lo confermano che è diventato innegabile. Ciò che è meno chiaro è il perché. Ci sono molte teorie sul perché il pensiero positivo ci rende più sani e ci permette di vivere più a lungo, ma la più generalmente accettata è che riduce lo stress.

Lo stress è il modo in cui reagiamo a situazioni che percepiamo come pericolose. Lo stress non è di per sé dannoso. In brevi momenti, innesca la nostra risposta di "*lotta o fuga*", aiutandoci a evitare il pericolo. Lo stress diventa un problema quando è sempre presente. In questo caso si chiama "*stress cronico*". Nel mondo moderno, molti di noi bilanciano richieste contrastanti di tempo e attenzione. Ci sentiamo tirati in diverse direzioni e sembra che non ci sia mai abbastanza tempo per fare tutto correttamente. Lo stress cronico comporta una serie di effetti fisici diretti che includono, ma non sono limitati a:

- **alta pressione sanguigna** e
- **battito cardiaco accelerato**
- che col tempo possono portare a un **aumento del rischio di attacco cardiaco;**
- **respiro corto;**
- **sistema immunitario indebolito;**
- **glicemia alta**, che rende più inclini al diabete di tipo 2;
- **riduzione del desiderio sessuale;**
- tensione muscolare, con conseguenti **mal di testa e dolori alla schiena e alle spalle.**

Lo stress cronico è anche direttamente associato a problemi di salute mentale. Può portare a comportamenti problematici come mangiare troppo o troppo poco, abuso di droghe, mancanza di esercizio fisico e abuso di alcol. Può causare insonnia e disturbi dell'umore come ansia, irritabilità e persino depressione.

Molti di noi sono così abituati a convivere con lo stress ogni giorno che non lo notano nemmeno più. Tuttavia lo stress cronico rende malati e infelici, e quasi certamente implica che non si vivrà tanto quanto si potrebbe vivere altrimenti.

Potresti eliminare lo stress cambiando completamente la tua vita per evitare le pressioni che lo causano. Potresti mollare il lavoro, chiudere le relazioni e andare a vivere in campagna. Per la maggior parte delle persone, tuttavia, questa non è un'opzione praticabile, perché richiede un cambiamento fondamentale nella vita e nel lavoro. È importante ricordare che lo stress non è una parte inevitabile di una vita impegnata e produttiva. Lo stress non riguarda il mondo che ti circonda. Riguarda il modo in cui percepisci e reagisci a quel mondo.

Il pensiero positivo non eliminerà i fattori che causano stress nella tua vita. Tuttavia cambierà il modo in cui interpreti queste cose, riducendo gli effetti dello stress e tutti i problemi fisici e mentali che provoca. Questo è già da solo un buon motivo per imparare le tecniche del pensiero positivo, ma i benefici non si fermano mica qui.

Diventare un pensatore positivo migliorerà le tue relazioni personali e professionali. Se ti sembra improbabile, pensa alle persone con cui ti piace passare il tempo. Quante di queste si lamentano negativamente e sembrano essere sempre tristi e infelici? Quante sono positive, ottimiste e fiduciose? La stragrande maggioranza delle persone preferisce passare il tempo con gli ottimisti. Se riesci a diventare un pensatore positivo, diventerai anche il tipo di persona con cui la gente vuole passare il tempo.

I pensatori positivi hanno poi più successo. Sono stati condotti diversi studi che indicano che le persone positive non solo hanno relazioni e carriere migliori, ma fanno anche più soldi. Ecco la conclusione di una meta-analisi di studi che ha riguardato più di 275.000[5] persone:

> *«Numerosi studi dimostrano che gli individui felici hanno successo in diversi ambiti della vita, tra cui il matrimonio, l'amicizia, il reddito, le prestazioni lavorative e la salute. Il legame felicità-*

---

[5] Sonja Lyubomirsky, Laura King, Ed Diener, *The Benefits of Frequent Positive Affect: Does Happiness Lead to Success?* American Psychological Association, *Psychological Bulletin*, 2005.

In un altro studio che ha esaminato i venditori del settore assicurativo,
quelli identificati come ottimisti hanno guadagnato in media l'88% in più
dei colleghi pessimisti.

Il pensiero positivo non è solo una vaga convinzione che le cose andranno
bene. È un modo di affrontare la vita che ti renderà più sano, più ricco e
più felice. Questo libro ti mostra come diventare un pensatore positivo,
permettendoti quindi di realizzare tutti questi significativi benefici.

Perché pensare positivo è difficile?

Molti di noi soffrono del cosiddetto bias di negatività, anche se non lo sappiamo. Significa che siamo inclini a concentrare le energie mentali ed emotive sull'evitamento di risultati negativi piuttosto che perseguire risultati positivi. Questo pregiudizio probabilmente ha avuto origine come meccanismo di sopravvivenza. Nei primi tempi dell'umanità il mondo era un luogo pericoloso, e sopravvivere significava pianificare costantemente come evitare i pericoli. Per la maggior parte di noi nel mondo moderno, le questioni inerenti alla sopravvivenza quotidiana sono meno pressanti, ma il nostro cervello è ancora concentrato sulla priorità dell'evitamento di eventi potenzialmente negativi.

Nelle neuroscienze, il modo in cui percepiamo le cose intorno a noi è chiamato salienza. Diversi studi psicologici e cognitivi hanno dimostrato che, a parità d'intensità di percezioni concorrenti, tendiamo a concentrare la nostra attenzione su quelle che sono, potenzialmente o nella realtà, negative. In questo modo, la salienza mostra un bias di negatività.

Questo pregiudizio di negatività può manifestarsi in diversi modi, ma il più comune è accentuare il negativo. Immagina di aver fatto un test e di aver ottenuto un punteggio del 90%. Invece di celebrare il buon risultato, il pregiudizio di negatività ti fa innervosire per la perdita dell'ultimo 10%. Invece di essere felice del risultato, sei infelice perché non hai fatto ancora meglio. Questa inclinazione è dimostrata da un certo numero di studi, che afferma che tendenzialmente:

- per quanto riguarda le relazioni, ci vogliono generalmente cinque interazioni buone perché queste controbilancino una sola interazione cattiva;
- in genere ci si impegna molto di più per evitare di perdere denaro che per guadagnarne la stessa quantità;
- ricordiamo le esperienze dolorose e spiacevoli molto più chiaramente di quelle piacevoli.

Come riassume lo psicologo Rick Hanson, Ph.D., autore di best-seller[6] e Senior Fellow del Greater Good Science Center della UC Berkeley,

«È più sicuro per noi evitare i bastoni che inseguire le carote.»

E anche il nostro linguaggio riflette questo atteggiamento. Praticamente in ogni lingua del mondo ci sono parole e termini molto più equilibrati e sfumati per descrivere concetti negativi[7]. Questo squilibrio è particolarmente evidente in termini di emozioni. Il vocabolario disponibile per descrivere i sentimenti negativi è generalmente molto più ampio di quello che copre i sentimenti positivi; non è che anche questo ci renda più facile soffermarci sul negativo e scartare il positivo?

Sembra che il nostro cervello sia ancora in sintonia con i bisogni primitivi della sopravvivenza di base, e che ci porti a dare più peso all'evitare il male che al perseguire il positivo. Per diventare un pensatore positivo, bisogna imparare a superare il pregiudizio della negatività.

---

[6] Rick Hansen, *Resilient: 12 Tools for transforming everyday experiences into lasting happiness*, Harmony, 2018

[7] Paul Rozin, Loren Berman, Edward Royzman, *Biases in use of positive and negative words across twenty natural languages*, Cognition and Emotion, 2010.

Si può imparare a pensare positivo?

Tutti noi sperimentiamo un gran numero di pensieri ogni giorno. Misurarne uno singolo non è facile, ma la maggior parte dei ricercatori sostiene che sperimentiamo tra i dodicimila e sessantamila pensieri ogni giorno. A causa del pregiudizio della negatività, è stato stimato che fino all'80% sono negativi.

Statistiche spaventose, ma la buona notizia è che possono essere cambiate. Siamo tutti condizionati dall'infanzia, dall'ambiente e dalle persone con cui passiamo il tempo. La tua mentalità è stata forgiata da un vasto numero di fattori interconnessi. Tuttavia il tuo attuale modo di pensare non è fisso né inevitabile.

Il nostro cervello sviluppa percorsi neurali, scorciatoie che ci portano a rispondere nello stesso modo a stimoli esterni. Per esempio, se vai a bere qualcosa dopo il lavoro per sfuggire allo stress, il tuo cervello svilupperà gradualmente un percorso neurale che ti dice che il modo per affrontare lo stress è l'alcol. Il cervello lo farà anche quando bere non è né appropriato né possibile. Queste scorciatoie mentali stanno alla base di molti comportamenti problematici.

I recenti sviluppi delle neuroscienze ci dicono che questi percorsi neurali non sono fissi. Se vogliamo cambiare un comportamento, tutto quello che dobbiamo fare è prendere la decisione cosciente di adottare il nuovo comportamento. Se riusciamo a mantenere questo nuovo comportamento per un periodo compreso tra i trenta e i novanta giorni, si formerà un nuovo percorso neurale. A quel punto il nuovo comportamento diventa un'abitudine e il vecchio viene abbandonato.

In questo libro forniamo tutte le tecniche necessarie per rendere il pensiero positivo parte della tua vita. Se fai lo sforzo di intraprendere questi nuovi comportamenti, diventeranno abitudini. Così sostituirai le tue attuali abitudini, proprie del pensiero negativo, con delle nuove che sostengono invece quello positivo.

Cosa non è il pensiero positivo

Il successo di libri come *The secret*[8] ha reso popolare l'idea che pensieri positivi portano risultati positivi in un certo qual modo misterioso. I seguaci di questo concetto citano la cosiddetta *Legge dell'attrazione.* Secondo questa legge, i pensieri sono considerati una forma di energia, dove l'energia positiva attrae salute, denaro e benefici relazionali.

Tuttavia, molti neuroscienziati e psicologi considerano questa nozione una pseudoscienza. Sostengono che non c'è alcuna base nella credenza semi-mistica che pensando a pensieri positivi si possano in qualche modo attrarre risultati positivi nella propria vita attraverso un meccanismo ignoto. E non è ciò di cui tratta questo libro.

Questo libro è basato interamente sulla scienza e la psicologia. Si basa sui risultati di un gran numero di studi pubblicati in riviste specializzate che confermano che il pensiero positivo ha notevoli benefici fisici e mentali. Questo libro ti fornisce delle tecniche da usare per diventare un pensatore positivo. Non c'è alcuna garanzia che l'uso di queste tecniche ti renderà ricco o attraente.

Esistono tuttavia prove scientifiche schiaccianti che dimostrano che l'uso delle tecniche descritte in questo libro migliorerà la tua capacità di affrontare lo stress, ridurrà la tua suscettibilità a cose come la pressione alta e gli attacchi di cuore, fortificherà il tuo sistema immunitario e potrebbe anche permetterti di vivere più a lungo. Queste tecniche ridurranno anche l'ansia e la depressione, aumenteranno la tua creatività e la fiducia in te stesso e ti renderanno più capace di raggiungere i tuoi obiettivi.

Non c'è niente di mistico nel pensiero positivo. Non c'è niente di vago né di misterioso nei benefici che porta. Usare le tecniche di questo libro non ti renderà ricco, ma ti migliorerà la salute e la qualità della vita.

Sei pronto a pensare in modo positivo?

---

[8] Rhonda Byrne, *The secret*, Mondadori, 2018

Capitolo 2: pensare troppo

Pensare troppo è un problema comune che causa angoscia e cattiva salute. Rimuginare blocca anche l'uso delle tecniche di pensiero positivo. Questo capitolo spiega di che cosa si tratta e come può influire su di te.

Cosa vuol dire pensare troppo?

L'insegnamento buddista veicola una meravigliosa analogia sul pensiero intenso e continuo di cui molti di noi soffrono. Chiama questo costante passaggio da un pensiero all'altro "*mente scimmia*". Il Budda la descrisse così:

> «*Come una scimmia che si dondola tra gli alberi, afferra un ramo e lo molla solo per afferrarne un altro, così anche ciò che si chiama pensiero, mente o coscienza sorge e scompare continuamente sia di giorno che di notte[9].*»

L'analogia, conosciuta nell'insegnamento buddista come *kapicitta*, descrive perfettamente la reazione di molti di noi allo stress e al costante bombardamento di informazioni. Siamo facilmente distraibili e incapaci di concentrarci su una sola cosa. Ci ritroviamo costantemente in movimento da una preoccupazione all'altra, incapaci di trovarne la soluzione. Ci soffermiamo sul passato, specialmente sulle cose che percepiamo come fallimenti. Ci concentriamo sul futuro pensando alle cose che potremmo fare il giorno successivo, o la settimana o il mese dopo. In definitiva, non ci concentriamo dove ne abbiamo veramente bisogno: su ciò che stiamo facendo in questo momento.

La mente scimmia è anche associata all'insonnia. Ci sdraiamo e chiudiamo gli occhi, e invece di trovare pace e tranquillità ci ritroviamo con la mente che corre. Il cervello passa da un pensiero all'altro, stressandoci e impedendoci di dormire. Gli insegnamenti del Budda ci dicono che le persone soffrono della mente scimmia da molte migliaia di anni. Tuttavia, in un mondo moderno in cui tantissime cose reclamano un attimo della nostra attenzione, questa particolare sofferenza è ancora più comune. La mente scimmia è nemica del pensiero positivo. Non si può essere positivi vagando costantemente da un pensiero all'altro. Una delle tecniche del pensiero positivo è imparare a fermare la mente scimmia, a trovare la tranquillità nella concentrazione.

---

[9] Saṃyutta Nikāya, *I discorsi connessi del Buddha*, trad. Bhikkhu Bodhi, Boston: Wisdom Publications, 2000.

In psicologia, la mente scimmia viene definita *overthinking*. Si tratta di un modello comporta pensieri incontrollabili o intrusivi che impediscono di rimanere concentrati. Spesso si associa all'ossessione per ciò che potrebbe accadere in futuro o per eventi passati. Spesso si concentra su come si sarebbe potuto agire diversamente per produrre un risultato migliore. Riprodurre costantemente gli eventi del passato o cercare di predire come potrebbero svolgersi quelli futuri è completamente improduttivo. Non puoi cambiare il passato. Hai una capacità limitata di controllare il futuro. Devi invece imparare a concentrare tutta la tua attenzione e la tua energia sul momento presente.

Quando pensare troppo diventa un problema

In un certo senso, tutti pensiamo troppo. Il mondo moderno può essere un luogo frenetico, con richieste concorrenti di tempo e attenzione. In questa situazione, è raro trovare una persona che possa rimanere sempre tranquilla. La maggior parte delle persone occasionalmente ha problemi a dormire. Spesso per preoccupazioni per il passato o per il futuro.

Pensare troppo diventa un problema serio solo quando è un'abitudine cronica, che ti influenza a lungo termine. Se soffri di questo problema, vedrai un impatto sulla tua capacità di relazionarti con gli altri e ti sarà difficile funzionare efficacemente ogni giorno. Sarai stressato, stanco e concentrato su pensieri negativi quali *"Ho detto la cosa giusta?"*, *"Farò la figura dello stupido alla riunione di domani?"*

Quando non si riesce a fare le cose per paura del fallimento o di ripetere gli errori passati o quando non si riesce a concentrarsi su ciò che si sta facendo perché ci si preoccupa del passato o del futuro, pensare troppo può diventare un disturbo che influenzerà tutto ciò che si fa. Può portare all'ansia e allo stress, e viene associato al disturbo ossessivo-compulsivo e persino alla depressione.

Pensi troppo in maniera cronica?

I sintomi del pensare troppo

Come si fa a capire se si pensa troppo? Ci sono una serie di sintomi fisici e mentali. Se ne soffri, forse pensi troppo. Ecco alcuni dei principali problemi fisici inerenti al rimuginio.

> **Insonnia.** È un classico sintomo, anche se non tutta l'insonnia è causata dal pensare troppo. Ti sembra che quando cerchi di dormire la mente prenda improvvisamente a correre? Ti sembra di non avere alcun controllo su dove va e finisci per sentirti ansioso, stressato e incapace di dormire?

> **Mal di testa.** I mal di testa hanno una serie di cause. Possono essere il risultato di pressione alta o una reazione alla tensione fisica corporale. Possono anche avere cause emotive, derivanti da stress, depressione e ansia. Pensare troppo è una causa comune del mal di testa. Se soffri di frequenti mal di testa, potrebbe esserne quello l'origine.

> **Dolori muscolari e articolari.** Stress e ansia sono emozioni che influiscono direttamente sul corpo. Possiamo tendere i muscoli senza rendercene conto, adottando strane posture. Mantenere queste posizioni per un certo periodo di tempo causa dolori muscolari e articolari. Si possono avvertire dolori alle spalle, al collo e alla schiena. Se soffri di questi sintomi, sappi che potrebbero essere causati dal troppo pensiero.

> **Stanchezza.** La mancanza di sonno, lo stress costante, gli acciacchi e i dolori sono un salasso per la nostra energia. Non c'è da stupirsi che pensare troppo porti anche all'affaticamento. Se ti senti costantemente stanco, potrebbe esserne questa la causa.

Oltre ai sintomi fisici, questo schema si può riconoscere anche dai modelli stessi di pensiero. Ecco alcuni dei processi mentali più comuni associati al pensare troppo.

> **Ansia.** Ti senti obbligato a pianificare ogni evento futuro fino all'ultimo dettaglio? Ti ritrovi a preoccuparti di eventi futuri? Soffri di ansia fluttuante, in cui sei ansioso senza una causa

evidente? Fai mai uso di alcol o droghe per ridurre l'ansia? Un certo grado di ansia è normale, specialmente se ci stiamo preparando a un evento difficile o impegnativo. L'ansia costante non è normale, e può essere un sintomo di stress cerebrale.

Analisi eccessiva e paura del fallimento. Come ti senti quando pensi al futuro? Fiducioso e calmo? O ansioso, costretto a pensare a ogni possibile scenario fin nei minimi dettagli? Sei mai ossessionato da eventi passati, li analizzi mai da ogni possibile angolazione? Hai mai evitato di fare qualcosa perché hai paura di non fare bene? L'azione di pensare troppo spesso si associa al bisogno di controllare il mondo che ci circonda. Analizzando il passato e riflettendo su ciò che potrebbe accadere in futuro, immaginiamo di poter modellare quel futuro per evitare il fallimento. Se ti ritrovi ad analizzare le cose nei minimi dettagli, forse stai pensando troppo.

Mancanza di presenza nel presente. Quello che è successo nel passato non può essere cambiato. Ciò che può accadere in futuro è difficile da prevedere e impossibile da controllare completamente. L'unica parte della vita su cui eserciti un controllo assoluto è l'istante presente. Se la tua mente è preoccupata del passato o dall'*e se…* del futuro, non puoi dirottare tutte la tue energie e attenzioni a ciò che stai facendo in questo momento. Il passato è in gran parte irrilevante, e il modo più efficace di plasmare il futuro è fare del proprio meglio ora. Pensare troppo ci rende meno efficienti perché ci distrae dal momento presente.

Pensare troppo e DAG

Pensare troppo può collegarsi a un problema sottostante, come il disturbo d'ansia generalizzato (DAG). Il DAG è caratterizzato da costanti preoccupazione e ansia non specifiche. Quindi non sei preoccupato per qualcosa in particolare, ma sei in un costante stato di ansia e puoi anche soffrire di attacchi di panico privi di causa diretta evidente. Puoi ritrovarti a preoccuparti più del necessario. Pensi e pianifichi costantemente ciò che accadrà in futuro.

Il DAG fa sì che preoccupazioni e paure dominino il tuo pensiero e la tua vita. Ti impedisce di realizzare i tuoi obiettivi e di adottare comportamenti sani. Diagnosticare il DAG può essere difficile. Dopotutto, è perfettamente normale e persino utile pensare a un evento futuro e riflettere su ciò che si può fare per portarlo al successo. Pensare agli eventi futuri è un buon modo di ridurre la paura e pianificare le nostre mosse ci rende più sicuri. La differenza tra il DAG e un pensiero sano è solo una questione di grado. Se credi di soffrire di DAG, dovresti chiedere aiuto a un medico qualificato.

Le persone affette da DAG sono soggette a una costante raffica di pensieri preoccupanti e intrusivi che non possono né rallentare né controllare. Si ritrovano intrappolate in cicli di pensiero negativo e temono il cambiamento e l'incertezza. Si trovano sopraffatti da improvvisi sentimenti di ansia, e persino di terrore, che non sanno controllare né spiegare.

Il DAG è molto comune. La maggior parte degli studi ha dimostrato che, per esempio, oltre il 3% della popolazione statunitense (più di sette milioni di persone) soffre di DAG, dove le donne hanno il doppio delle probabilità di essere colpite rispetto agli uomini. Il DAG si sviluppa gradualmente e può essere causato da fattori ambientali e da esperienze di vita stressanti. Si manifesta in modi simili all'*overthinking*, ma può anche causare aumento della frequenza cardiaca, respirazione rapida, sudorazione, tremore e problemi digestivi.

Il DAG non è una malattia mentale. Alcune persone usano farmaci per ridurne gli effetti, ma questo disturbo può essere migliorato anche adottando le abitudini del pensiero positivo.

Overthinking e DOC

Un altro disturbo comunemente associato al troppo pensare è quello ossessivo-compulsivo (DOC). Come il DAG, spesso è caratterizzato da preoccupazione eccessiva, ma si manifesta in modo diverso. Le persone che soffrono di DOC hanno la sensazione di dover eseguire determinate azioni per rimanere al sicuro. A volte si tratta di azioni almeno relativamente razionali, come il frequente lavaggio delle mani per paura dei germi e dello sporco. A volte non hanno alcuna base oggettiva, come il bisogno compulsivo di contare tutti gli oggetti blu quando entrano in una stanza o il bisogno di toccare certi oggetti in un ordine particolare prima di uscire da una stanza.

Ciò che tutti i DOC hanno in comune è che la persona che ne soffre crede che agendo in un determinato modo darà seguito a un effetto particolare. Può credere, per esempio, che toccare un oggetto un certo numero di volte prima di uscire di casa assicuri una certa sicurezza durante un viaggio. Oggettivamente lo sanno che le due cose non sono correlate, ma si sentono obbligati a completare il rituale e provano ansia, preoccupazione o addirittura panico se non lo fanno.

Proprio come il DAG, la gravità del DOC è una questione di grado. La maggior parte delle persone segue comportamenti abituali, rituali che completano senza pensiero cosciente. Controllare che la porta d'ingresso sia ben chiusa prima di uscire, per esempio, è una cosa che molti di noi fanno anche senza averne bisogno. Abbiamo già chiuso la porta centinaia di volte, e sappiamo che è a posto, ma verifichiamo comunque dopo averla chiusa solo per sicurezza. Questi comportamenti diventano un problema quando iniziano a influenzare il nostro comportamento e le interazioni con gli altri. Diventano un problema anche quando sperimentiamo sentimenti di panico se non siamo in grado di completare queste specifiche azioni.

Troppo pensiero e insonnia

Uno degli effetti più paralizzanti del pensare troppo è l'insonnia cronica. L'insonnia viene definita come un problema di sonno della durata di almeno un mese. L'insonnia cronica è un problema serio. Può causare un aumento del rischio di:

- ictus;
- convulsioni;
- indebolimento del sistema immunitario;
- diabete;
- alta pressione sanguigna;
- malattia cardiaca.

La stanchezza conseguente all'insonnia può causare un maggior rischio di incidenti e rendere più inclini a disturbi mentali tra cui ansia, confusione e depressione. Naturalmente l'insonnia non ha origine solo dal pensare troppo. Stress, preoccupazioni e anche fattori come la dieta possono influenzare il sonno, anche se questi tendono a scatenare episodi acuti della durata solo di una o due notti.

Il fatto di pensare troppo viene associato all'insonnia cronica, in particolare a quella iniziale e a quella di mantenimento. Il primo tipo indica difficoltà a addormentarsi. Se causata da troppo pensare, per quanto stanchi si possa essere quando si chiudono gli occhi e si cerca di dormire la mente inizia a correre. Potresti ritrovarti a concentrarti su pensieri negativi e preoccupazioni per il futuro. In quella di mantenimento ci si può ritrovare a svegliarsi improvvisamente, spesso ansiosi e preoccupati, anche se l'insonnia può non avere una causa specifica. Una volta svegli, è molto difficile tornare a dormire.

Entrambi i tipi di insonnia sono ugualmente dannosi. Se la tua insonnia è causata dal pensiero eccessivo, usare le tecniche del pensiero positivo ti aiuterà a dormire meglio. Troverai consigli per affrontare l'insonnia nel capitolo 9.

Capitolo 3: allenare il critico interiore

Tutti abbiamo un critico interiore, quella vocina nella testa che fornisce un commento continuo sulla vita. Ma se il critico interiore è inesorabilmente negativo, può renderti molto più difficile adottare le tecniche e le abitudini del pensiero positivo. Questo capitolo spiega il ruolo del critico interiore, ti aiuta a riconoscere i messaggi che invia e offre modi per cambiare ciò che ti sta dicendo.

Che critico interiore hai?

"Critico interiore" è un'espressione usata per descrivere il monologo interiore sperimentato da tutti noi. A volte la definiamo come una voce interiore che ci parla, particolarmente attiva nel giudicare le nostre azioni. Il critico interiore non ama che soffermarsi su un fallimento o una battuta d'arresto. Ci dirà all'infinito che le cose sono andate male perché non siamo stati abbastanza bravi. Se non controllato, può lasciarci senza fiducia in noi stessi e può portarci a dubitare delle nostre capacità.

Questa espressione viene generalmente usata nella psicologia popolare. Non è un termine formale né accademico. Somiglia un po' al concetto freudiano di Super-io, il narratore mentale che agisce da mediatore e incoraggia un comportamento che si accordi alle norme sociali. Il critico interiore generalmente è molto più negativo. Questa fastidiosa voce interiore mette in discussione tutto ciò che facciamo, si sofferma sui fallimenti e sminuisce i risultati ottenuti. Anche persone apparentemente sicure e di successo possono soffrirne, e possono provare sentimenti ingiustificati come senso di colpa e inadeguatezza.

Ricordi l'esempio del capitolo 1 in cui al test prendi un punteggio del 90%? Il critico interiore è la parte del tuo cervello che invece di celebrare il risultato si ossessionerà sul 10% perduto. Fortunatamente è possibile riaddestrarla in modo da farne una voce più sana e meno distruttiva.

Critico interiore vs. nutritore interiore

Il critico interiore non vive da solo nella testa. Hai anche quello che alcuni psicologi chiamano un nutritore interiore. È l'opposto del critico interiore. Elogia i successi e fornisce incoraggiamento e autocompassione. Il problema è che la voce del critico interiore è spesso molto più forte, e soffoca ciò che ci dice il nutritore interiore.

Quando le due voci interiori sono sbilanciate a favore del critico, diventiamo timorosi di commettere errori. Evitiamo di agire a causa della paura. Ma l'azione è l'unica via verso il successo e l'apprendimento. Se ci facciamo dominare così tanto dal nostro critico interiore da aver paura di tentare qualcosa di nuovo o di correre un rischio, la nostra vita si riduce. Col tempo la fiducia in noi stessi viene erosa e la volontà di lottare seriamente minata.

Come fai a sapere se il critico interiore ha sopraffatto il nutritore interiore all'interno della tua testa? Prova a porti queste domande.

> **Ti capita mai di arrabbiarti irragionevolmente con te stesso?** Pensa alle circostanze. La rabbia era davvero giustificata? Se un'altra persona avesse fatto quello che hai fatto tu, ti saresti arrabbiato altrettanto?

> **Ti capita mai di urlarti contro nella testa per darti dell'idiota o semplicemente del buono a nulla?** Fai di nuovo un passo indietro e pensa alla situazione in modo obiettivo. Stavi davvero agendo in maniera stupida o irresponsabile?

> **Ti accusi mai di essere una persona cattiva o inutile?** Si tratta di messaggi comuni di un critico interiore attivo. La maggior parte delle volte non sono affatto veri.

Il critico interiore ha aspettative irrealisticamente alte e sembra sempre pronto a sottolineare che non sei all'altezza di queste aspettative. Da dove viene questa voce insistente e negativa?

Affrontare un trauma della vergogna

Per molte persone, un critico interiore inesorabilmente negativo spesso deriva da esperienze passate, e in particolare da un trauma. Il trauma è una risposta emotiva a una situazione o a un evento angosciante. Può trattarsi di un evento che ti ha coinvolto direttamente, di qualcosa a cui hai assistito o anche di qualcosa di cui hai solo sentito parlare o letto (in questo caso si chiama *trauma vicario*). La risposta al trauma varia da persona a persona. Per alcuni l'impatto può essere di lunga durata (trauma cronico) e può causare una serie di problemi tra cui l'inclinazione a pensare troppo, l'ansia e l'insonnia. Può anche amplificare l'effetto del critico interiore.

L'evento o gli eventi traumatici possono risalire a molto tempo prima, persino all'infanzia, e si può anche non rendersi conto di essere stati colpiti dal trauma. Una risposta comune al trauma è sentire che si sarebbe potuto in qualche modo evitare la situazione che ha portato allo stesso. Spesso questo punto di vista è falso, ma la sensazione può portare a emozioni che includono un intenso senso di colpa. Questo tipo di trauma è noto come *trauma della vergogna*.

Gli eventi traumatici variano per intensità e durata. Possono andare da singoli atti di violenza, abusi o aggressioni sessuali a quelli che sembrano in superficie traumi di maggior durata ma minori. Per esempio un genitore costantemente non supportante e negativo può causare un trauma. Ciò che dà inizio al trauma della vergogna non è importante. Ciò che conta è come ti colpisce. Per ridurne l'impatto, la prima cosa da fare è affrontarlo consapevolmente. Per aiutarti a raggiungere l'obiettivo, puoi usare il secondo esercizio del capitolo 9: *Creare una narrazione del trauma.*

L'impatto del trauma può limitare la capacità di pensare positivamente aumentando così il potere del critico interiore. Per alcuni la voce del critico interiore può avere origine nel trauma. Se ascolti attentamente, potresti anche essere in grado di identificarla come una voce del tuo passato. Per esempio, può trattarsi della voce di un genitore che non ti sostiene, di un fratello competitivo o di un insegnante severo e giudicante. Ascoltare la voce e riconoscere il trauma da cui proviene può aiutare a diminuirne l'effetto.

Spesso il trauma è radicato nell'esperienza infantile. Un modo efficace di affrontarlo è scrivere una lettera al se stesso bambino. Troverai una guida su come farlo nel capitolo 9.

39

Superare i messaggi ingannevoli del cervello

Il critico interiore non è l'unica parte della mente che può generare messaggi confusi e inutili. A volte cadiamo in abitudini di pensiero poco utili o addirittura dannose. In psicologia questo modello è noto come legge di Hebb. Quando le cellule nervose del cervello vengono attivate ripetutamente secondo lo stesso schema, alla fine formano un circuito neurale fisso. Più questo circuito viene usato, più forte diventa. In altre parole, quando si reagisce ripetutamente in un certo modo a un particolare stimolo, quella reazione alla fine si fissa nel cervello. Diventa un'azione che si compie senza pensiero cosciente.

Questo modello porta alla formazione di abitudini, che possono rivelarsi potenti motori di comportamento. Per esempio, se reagisci allo stress mangiando cibi ipercalorici (anche chiamati *comfort food*, ovvero cibi che danno conforto), allora il cervello creerà un'associazione diretta tra il sollievo dallo stress e il cibo. In caso di stress, il cervello ti dice che la risposta appropriata è mangiare di più. Questa associazione può diventare parte di uno stile di vita malsano.

Jeffrey Schwartz, psichiatra leader nella ricerca[10], descrive i circuiti cerebrali fissi che possono portare a comportamenti malsani e inutili come "*messaggi cerebrali ingannevoli*". Oltre a causare comportamenti fisici, possono anche portare a risposte emotive inappropriate. Il cervello può rimanere intrappolato in un modello di negatività, portandoti a presumere che fallirai qualsiasi cosa tenterai.

La buona notizia è che questi modelli di pensiero inutili possono essere sostituiti da un approccio più positivo. Il cervello è capace di cambiare attraverso la plasticità. Semplicemente adottando regolarmente le tecniche del pensiero positivo, puoi trasformare la tua risposta abituale da negativa a positiva.

---

[10] Schwartz, Jeffrey M, e Gladding, Rebecca. *You Are Not Your Brain: The 4-Step Solution for Changing Bad Habits, Ending Unhealthy Thinking, and Taking Control of Your Life*. Avery, 2011.

Per maggiori informazioni sulla neuroplasticità auto-diretta e sull'approccio in quattro fasi di Jeffrey Schwartz, leggi il nostro libro sulla forza mentale.

41

Imparare a capire e padroneggiare le emozioni

L'emotività è una parte fondamentale dell'essere umano. Tutti noi proviamo emozioni, per quanto calmi e raccolti possiamo sembrare all'esterno. Un problema di molti è che spesso non le capiscono veramente se non nel modo più superficiale. Riconoscono la paura, la vergogna o la rabbia, ma non capiscono da dove provengono queste emozioni né cosa le scatena. Tuttavia, le persone di successo che vivono una vita appagante non solo imparano a riconoscerle, ma usano anche questa conoscenza per assicurarsi che le emozioni non guidino le loro decisioni.

Nell'ambito psicologico, la capacità di comprendere pienamente le proprie emozioni è misurata dal cosiddetto quoziente emotivo (QE). Proprio come il quoziente d'intelligenza (QI) viene utilizzato per valutare le capacità cognitive, il QE viene usato per misurare la capacità di una persona di riconoscere e gestire le proprie emozioni. L'intelligenza emotiva è un tema complesso, ma riguarda principalmente lo sviluppo dell'autoconsapevolezza emotiva.

L'autoconsapevolezza è il primo e più importante passo verso la padronanza delle proprie emozioni. L'autoconsapevolezza emotiva può sembrare semplice, ma non lo è. Spesso mettiamo da parte le emozioni, abituandoci così tanto a esse da non notare più le nostre reazioni. Autoconsapevolezza significa imparare a riconoscere le proprie emozioni. Significa anche essere in grado di separarle e vedere da dove provengono e cosa le provoca. Le emozioni raramente sono semplici. Di solito sono costituite da complessi insiemi di sentimenti che interagiscono a formare un'emozione generalizzata. Le persone con un'alta intelligenza emotiva non solo sono in grado di riconoscere le proprie emozioni, ma sono anche in grado di separarle.

Per esempio, riconoscerai di aver paura prima di un imminente colloquio di lavoro. Guardando meglio, ci si può rendere conto che il timore deriva in parte dalla paura del fallimento. Paura che potrebbe essere in realtà dovuta al fatto di non voler deludere la famiglia o una persona in particolare. Potresti provare gelosia e credere che un collega abbia più probabilità di ottenere il lavoro. Potresti essere in ansia perché senti di non avere tutte le capacità necessarie per svolgere il lavoro. Puoi essere in apprensione perché hai una storia di disaccordo e conflitto con l'intervistatore.

Comprendere appieno gli elementi che compongono un'emozione complessa riduce l'impatto della stessa. Se ti presenti al colloquio timoroso, ansioso, arrabbiato, geloso e apprensivo, è molto improbabile che farai una bella figura. La chiarezza dovuta alla comprensione del come ci si sente e del perché ci si sente così permette di autogestire le emozioni. Imparare a capire i propri sentimenti rende anche più empatici. L'empatia permette di capire i sentimenti degli altri e vedere l'influenza che queste emozioni hanno sul comportamento altrui.

Se le tue azioni sono governate da sentimenti che riconosci a malapena, prenderai decisioni basate su paura, gelosia, etc. Saranno raramente decisioni positive o utili. Per diventare un pensatore positivo, devi imparare a capire e a essere consapevole delle tue emozioni.

Per ulteriori informazioni ed esercizi su come imparare a capire i propri sentimenti, consulta il nostro libro sulla forza mentale.

Prestare ascolto al saggio avvocato

Abbiamo parlato a lungo del critico interiore, la voce interiore negativa che sembra minare tutto ciò che ti prefiggi di fare. Ora è il momento di imparare ad aumentare l'influenza del nutritore interiore, la voce interiore effettivamente utile e di sostegno.

Nel bestseller di auto-aiuto del 2011 *You Are Not Your Brain: The 4-Step Solution for Changing Bad Habits, Ending Unhealthy Thinking, and Taking Control of Your Life*[11], gli psichiatri Jeffrey Schwartz e Rebecca Gladding hanno coniato un nuovo termine per una versione migliorata del nutritore interno. L'hanno chiamato il *"saggio avvocato"*. Jeffrey Schwartz ha poi collaborato a un libro esclusivamente sull'argomento[12], e il *"saggio avvocato"* è diventato un concetto ampiamente accettato e utilizzato nella promozione del benessere mentale.

Lo scopo dell'approccio è semplice: è destinato a rafforzare il tuo nutrimento interiore e a superare i messaggi negativi del critico.

La tecnica inizia con la visualizzazione di una persona. Il tuo saggio avvocato, che sempre ti sostiene, può essere un parente (vivo o morto), una persona reale che non hai mai incontrato o una figura storica. Anche un personaggio di fantasia. Dovrebbe essere qualcuno che puoi visualizzare nei minimi dettagli e di cui rispetti l'intelligenza e la conoscenza. La persona immaginata deve avere integrità e onestà e, cosa più importante di tutte, deve essere impegnata in ciò che è meglio per te.

Più dettagliata è la visualizzazione della persona, meglio è. Come veste, come parla, dove si trova? Il cuore della tecnica è semplice: immagina di conversarci insieme. Magari di descrivere una situazione che ti preoccupa o semplicemente di chiedere una guida o una rassicurazione. C'è sempre, sempre pronto a chiacchierare. Ascolta i consigli che ti dà.

---

[11] Schwartz, Jeffrey M, e Gladding, Rebecca. *Tu non sei il tuo cervello: The 4-Step Solution for Changing Bad Habits, Ending Unhealthy Thinking, and Taking Control of Your Life*. Avery, 2011.

[12] Jeffrey Schwartz, Josie Thomson, Art Kleiner, *The Wise Advocate: The Inner Voice of Strategic Leadership*, Columbia Business School Publishing, 2019.

Questa tecnica è un modo eccellente per farsi più obiettivi riguardo a situazioni e sentimenti che possono essere confusi e complessi. Immaginare il potenziale consiglio di una persona intelligente e solidale ti permette di fare un passo indietro e di esaminare la situazione più chiaramente. Aiuta anche a ridurre l'effetto del critico interiore negativo.

Creare il proprio saggio avvocato è un passo importante per diventare un pensatore positivo. Comincia a costruirne l'immagine subito. Prova a chiedergli un consiglio, una rassicurazione o una guida. Inizia da poco e usalo per affrontare problemi minori. Quando ti sentirai a tuo agio nell'usare la tecnica, scoprirai di poterla applicare efficacemente a molti aspetti della vita.

Capitolo 4: la mentalità del pensiero positivo

Finora abbiamo esaminato principalmente gli elementi del pensiero positivo e i problemi che possono bloccarlo. Ora è il momento di iniziare a riflettere su come puoi mettere insieme questi concetti per costruire la mentalità di cui hai bisogno.

Tuttavia, prima di iniziare, fermati un attimo a considerare ciò che hai imparato finora.

- Hai valutato la tua attuale mentalità e identificato le aree problematiche?
- Comprendi appieno i benefici del pensiero positivo? Cambiare mentalità non è facile, e dovrai tenerne a mente i benefici per trovare la motivazione di cui hai bisogno.
- Pensi troppo?
- Il tuo critico interiore è un problema e capisci i traumi passati che lo rendono più potente?
- Soffri di insonnia o di una qualsiasi delle altre manifestazioni fisiche del pensiero negativo, del pensare troppo o della mancanza di autostima?
- Hai creato un saggio avvocato che ti aiuti a stimolare il tuo nutritore interiore?

Solo se sei sicuro di aver capito dove ti collochi ora e cosa devi fare puoi pensare a costruire la mentalità di cui hai bisogno. Se non ne sei sicuro, torna indietro e leggi la parte pertinente dei primi tre capitoli; riflettici su.

Come il pensiero positivo può cambiarti la vita

«Il pensatore positivo vede l'invisibile, sente l'intangibile e raggiunge l'impossibile.»

Winston Churchill

I tuoi pensieri determinano come ti senti in merito alla tua vita. Felicità e soddisfazione non sono condizioni oggettive esterne. Sono presenti solo nella tua mente. Se non sei felice, la risposta non è cercare di cambiare ambiente né comprare più oggetti. La pubblicità ci dice che gli oggetti che possediamo definiscono ciò che gli altri pensano di noi. L'insinuazione è che possedendo gli oggetti giusti, saremo felici. Non è vero. Si dice che la vita consiste nel 10% di ciò che ti succede e nel 90% di come vi pensi. Anche se la tua è piena di persone meravigliose e oggetti preziosi, potresti comunque essere negativo. Se vuoi diventare felice e trovare la realizzazione, devi prima affrontare la tua maniera di pensare. Ecco perché il pensiero positivo è così importante.

«Per compiere un'azione positiva, dobbiamo sviluppare una visione positiva.»

Dalai Lama

 Gli studi dimostrano che il pensiero positivo può anche aiutare a combattere la malattia. Un documento presentato dal professor Leslie G. Walker (presidente della riabilitazione del cancro presso l'Università di Hull) in una conferenza della British Psychological Society nel 2000 ha osservato che i pazienti affetti da cancro a cui sono state insegnate tecniche di rilassamento e di pensiero positivo hanno sperimentato una migliore qualità della vita. Nonché più globuli bianchi, necessari a combattere la malattia.

«Il pessimismo porta alla debolezza, l'ottimismo al potere.»

William James

Il pensiero positivo non migliora solo la salute fisica. Ti aiuta a raggiungere ciò che vuoi dalla vita. Le persone di maggior successo visualizzano ciò che vogliono e poi escogitano dei modi per ottenerlo. Visualizzare il risultato positivo le rende felici. Quando visualizzi qualcosa che ti rende felice, il cervello rilascia endorfine, che ti danno una sensazione generalizzata di benessere. L'effetto è potente quanto quello di fare effettivamente la cosa che ti rende felice, e rafforza il senso di benessere incoraggiando una mentalità positiva.

«Meravigliosi sono la forza dell'allegria e il suo potere di sopportazione – l'uomo allegro farà di più nello stesso tempo, lo farà meglio e lo conserverà più a lungo dell'uomo triste o imbronciato.»

Thomas Carlyle

Diventare un pensatore positivo non ti garantirà di non essere mai infelice, né porterà automaticamente successo o ricchezza. Ti porterà però più soddisfazione di quanta ritenevi possibile e ti aiuterà a raggiungere i tuoi obiettivi. Aumenterà anche la fiducia in te stesso e migliorerà la tua immagine. Il pensiero positivo è anche contagioso! Pensa a come ti senti quando passi del tempo con un ottimista sicuro di sé. Senti che anche le tue emozioni vengono stimolate fino a che non sei anche tu felice e positivo.

«Mantenere positivi i comportamenti. I comportamenti diventano abitudini. Mantenere positive le abitudini. Le abitudini diventano valori. Mantenere positivi i valori. I valori diventano destino.»

Mahatma Gandhi

Le persone di maggior successo corrono rischi. Vedono potenziali opportunità e sono disposte a correre i rischi necessari per trasformarle in realtà. Il pensiero positivo non solo ti permetterà di rischiare con fiducia, ma anche di affrontare le tue paure. Il pensiero positivo ti permetterà anche di affrontare in modo costruttivo il fallimento, nel caso in cui andasse tutto male.

Il pensiero positivo può cambiare in meglio ogni parte della tua vita. C'è chi direbbe che imparare a pensare positivamente è il singolo cambiamento più significativo possibile nella vita.

Sei pronto ad accogliere tutte le grandi cose che il pensiero positivo può fare per te?

Flessibilità vs. rigidità

L'unica cosa certa del futuro è che porterà sorprese, alcune gradite e altre meno. La velocità alla quale il mondo sta cambiando, in termini di tecnologia, cultura e società, può risultare sconcertante. Dobbiamo imparare a essere flessibili e a adattarci a questi cambiamenti se vogliamo prosperare nella nostra vita personale e professionale.

Fortunatamente, il cervello è molto bravo in quello che a volte viene chiamato pensiero "elastico". Prendi in considerazione la differenza tra il cervello umano e il computer. Il computer è completamente governato da algoritmi che ne definiscono la risposta in qualsiasi situazione. Non può pensare oltre agli algoritmi con cui è stato programmato. Il cervello umano invece non è così. È capace di salti intuitivi che vanno oltre la capacità di qualsiasi macchina. Sfrutta l'intuizione e il pensiero non lineare per generare creatività e vedere cosa può essere possibile, invece di preoccuparsi solo di ciò che esiste ora. Il computer può tracciare il percorso più efficiente da casa al posto di lavoro. Il computer non avrebbe potuto inventare l'automobile, perché gli manca la capacità di vedere oltre il presente.

Il pensiero positivo incoraggia e sostiene la flessibilità. Riduce la paura, compresa quella dell'ignoto, e ci permette invece di vedere opportunità nell'incertezza e nel cambiamento. La combinazione di positività e flessibilità è un potente strumento in un mondo apparentemente soggetto a continui cambiamenti.

Come si fa a sviluppare un approccio più flessibile? Si comincia in piccoli modi.

> **Prendi in considerazione il tuo atteggiamento verso il cambiamento.** Come ti senti, per esempio, se hai dei piani per il finesettimana e poi qualcuno cambia idea e quindi i piani non sono più validi? Sei risentito, arrabbiato, frustrato, esasperato? Fai invece uno sforzo cosciente per vedere il lato positivo: cosa puoi fare col tempo inaspettatamente a tua disposizione? Qualcosa che ti porterà ancora più piacere? Prova ad applicare

questa tecnica a ogni momento in cui un cambiamento inaspettato ti irrita.

Quanto spesso ti capita di provare qualcosa di completamente nuovo? Non parliamo solo di cose drammatiche ed emozionanti, come fare paracadutismo o snowboard per la prima volta. Quand'è stata l'ultima volta che sei andato in un ristorante o in una caffetteria che non avevi mai visitato prima? Quand'è stata l'ultima volta che sei andato in un nuovo museo o in una nuova galleria d'arte? Quando hai provato una strada completamente diversa per il lavoro? Quando sei andato in un posto nuovo a fare una passeggiata? Leggi sempre lo stesso giornale o guardi lo stesso servizio di notizie online? Esci sempre con lo stesso gruppo di persone? Ordini sempre lo stesso caffè o lo stesso piatto? Tutti noi tendiamo a cadere in schemi comportamentali che ci portano a fare la stessa cosa, volta per volta. Ci si sente a proprio agio e sicuri, e l'idea di qualcosa di diverso può sembrare un po' spaventosa. Fai uno sforzo cosciente ogni singola settimana per sperimentare una cosa nuova, anche se piccola.

Hai una routine fissa per i giorni e le settimane? Fai sempre le stesse cose nello stesso ordine? Prova a mescolare un po' le cose. Vai in palestra il martedì invece che il giovedì. Vai a pranzo prima o dopo. Guarda un film la domenica sera invece del sabato. Ogni settimana, fai lo sforzo di variare in qualche modo routine.

Da soli, possono sembrare cambiamenti banali. Ma ti aiutano ad acclimatarti all'idea di farsi più flessibili nel pensiero e favoriscono un approccio più positivo al cambiamento. Una volta sviluppata questa abilità, potrai applicarla con lo stesso successo ai cambiamenti più grandi che la vita probabilmente ti presenterà.

Riaffermare valori e obiettivi di vita

Tutti noi abbiamo dei valori fondamentali, cose che contano profondamente per noi. La maggior parte di noi ha anche degli obiettivi verso i quali sta lavorando. Tuttavia, per molti questi vengono sommersi dalla marea di richieste provenienti dalla vita quotidiana. Perdiamo il contatto con quei valori e i nostri obiettivi si fanno vaghi e a breve termine. Si concentrano sulla vita quotidiana, e non sulle speranze e le aspirazioni per il futuro. Quei valori e quegli obiettivi sono ciò che dovrebbe sostenerci nelle avversità. Le persone di maggior successo hanno obiettivi e valori chiaramente definiti, e passano il tempo a pensare a come raggiungerli. È il momento di tornare in contatto con ciò che conta per te.

Cominciamo dai valori personali. In termini semplici, si tratta delle caratteristiche e dei comportamenti che apprezziamo. Cerchiamo di raggiungerli nella vita e li apprezziamo negli altri. Se ci comportiamo in accordo con questi valori, ci sentiamo bene. Se ci comportiamo in modi che li negano, ci sentiamo male. Per esempio, diciamo che uno dei tuoi valori fondamentali sia la gentilezza. Ti trovi in un gruppo di persone poco gentili col prossimo. Se apri bocca per fermare la scortesia, starai bene con te stesso. Se non dici niente e lasci passare, ti sentirai male con te stesso. È semplicissimo.

Tuttavia, identificare i propri valori fondamentali è più difficile di quanto si possa immaginare. E poi sono del tutto personali. Uno potrebbe apprezzare la sicurezza e la calma, mentre un altro potrebbe essere motivato dal desiderio di avventura e dall'eccitazione. Non c'è una risposta giusta o sbagliata: si tratta di te e dei tuoi sentimenti.

Stila una lista di ciò che ti fa stare bene. Può trattarsi di qualsiasi cosa: circostanze, situazioni, persone, anche film e spettacoli televisivi. Magari descrivi una situazione recente che ti rende felice o orgoglioso. Concentrati sulle emozioni positive.

Ora stila una lista di cose che ti fanno sentire infelice, arrabbiato o frustrato. Ci ripetiamo: sii creativo. Ci sono notizie recenti che ti hanno fatto arrabbiare, o film o programmi televisivi che non ti sono piaciuti molto? Ci sono persone con cui non ti piace passare il tempo? C'è una situazione recente che ti ha fatto sentire mortificato, in colpa o persino in imbarazzo?

Usa le due liste per produrre un elenco condensato di ciò che ti ha reso felice. Cerca di ridurle a singole parole positive, come gentilezza, integrità, generosità, coraggio, perseveranza, onestà o intelligenza. Per esempio, se hai visto un film che ti ha fatto stare bene, pensa alle qualità e alle azioni dei personaggi che ti hanno provocato quella emozione. Quali qualità hanno mostrato? Ora stila una lista delle cose che ti rendono infelice. Ancora una volta, cerca singole parole, come egoismo, disonestà, ostilità, tradimento o egotismo. Ancora una volta, cerca di identificare le qualità coinvolte, che siano tue o altrui.

Ora hai due liste probabilmente opposte. Se l'onestà è in quella delle qualità che ti rendono felice, molto probabilmente la disonestà si trova nell'altra. Usale per compilare un elenco unico dei tuoi valori fondamentali, delle cose che contano di più per te. Magari torna alle liste, se ti vengono in mente nuove cose da aggiungere. Potresti pure rimanere sorpreso dalle cose che ti rendono felice. A volte i nostri valori personali possono perdersi nella corsa frenetica della vita. Pensare positivo significa prendersi il tempo per riscoprirli e poi agire in accordo con essi. Conserva la lista, usala come promemoria e cerca di agire sempre nel modo giusto.

Ora che hai identificato i tuoi valori, è il momento di pensare agli obiettivi. Gli obiettivi sono le cose da raggiungere, e sono collegati ai valori. Ma mentre i valori sono generalmente innati, gli obiettivi te li devi creare tu.

Cosa vuoi raggiungere nel prossimo mese? Nei prossimi sei mesi? Nel prossimo anno? Nei prossimi cinque? La maggior parte di noi ha delle aspirazioni, ma spesso vaghe e indefinite. Avere obiettivi chiari è importante e ti aiuta a rimanere positivo. Il pensiero positivo ti aiuterà a raggiungere gli obiettivi. Ma come si fa a decidere i propri obiettivi? Gli obiettivi sono personalissimi. Sono i risultati che contano per te, non per qualcun altro. Solo tu puoi decidere quali sono, ma per essere efficaci gli obiettivi devono essere SMART.

SMART è un acronimo usato nel mondo degli affari per assicurarsi che la definizione degli obiettivi sia efficace e porti a un cambiamento positivo.

Specifico (*specific*). Più specifico è un obiettivo, più facilmente vedi cosa devi fare per raggiungerlo. Non impostare un obiettivo alla "*troverò un lavoro migliore*". Specifica di preciso quale lavoro o quali lavori stai cercando. Poi vedi quale esperienza o quali qualifiche ti servono per ottenerlo. Più specifici sono gli obiettivi, più è probabile che tu sia in grado di raggiungerli.

Misurabile (*measurable*). Gli obiettivi funzionano solo se si può dire quando sono stati raggiunti. Per esempio, un obiettivo come "*voglio essere felice*" non è utile. Tutti sperimentano periodi di felicità e infelicità. Non c'è modo di dire quando si sia raggiunto un particolare livello di felicità, e non si raggiungerà mai un punto in cui non si prova più infelicità. Concentrati invece su obiettivi che ti permettano di affermare con certezza in qualsiasi momento se ci stai lavorando o se li hai già raggiunti.

Raggiungibile (*achievable*). Non confondere mai i sogni con gli obiettivi. Gli obiettivi sono risultati raggiungibili tramite capacità, conoscenza e qualità fisiche. I sogni sono vaghe speranze spesso irraggiungibili.

Realistico (*realistic*). Come detto sopra, non fissare obiettivi che non sei in grado di raggiungere. Raggiungere gli obiettivi può richiedere apprendimento e sviluppo, e questo è un bene. Ma avere l'obiettivo di diventare un giocatore di basket professionista quando si è alti un metro e mezzo non porterà mai a nulla se non alla delusione.

A scadenza (*timed*). Gli obiettivi più efficaci hanno un punto definito entro il quale si intende raggiungerli. Se fissi un tempo per i tuoi obiettivi, rimarrai concentrato e avrai meno probabilità di procrastinare.

C'è un'ultima cosa da considerare qui: gli obiettivi dovrebbero essere sempre positivi. Vale a dire che non dovrebbero avere come scopo l'evitamento del fallimento ma il raggiungimento del successo. Per esempio, "*non voglio più essere grasso*" non è un obiettivo positivo. "*Diventerò più sano e raggiungerò il mio obiettivo di peso*" sì. Il linguaggio è importante per mantenere il pensiero positivo. Tornerai spesso sugli obiettivi, quindi assicurati che siano scritti in modo positivo.

Crea una lista di obiettivi. Cerca di averne almeno quattro: uno da raggiungere entro il mese prossimo, uno entro sei mesi, uno entro un anno e uno entro cinque. Non è facile, quindi prenditi il tempo necessario per stilare una lista di obiettivi che ti motivino veramente. Scegline quanti ne vuoi, ma non così tanti da rendere difficile ricordarli tutti. Crea l'abitudine di rivederli regolarmente. Fallo tutte le volte che vuoi. Valuta i progressi fatti e pianifica quelli futuri.

Se vuoi saperne di più sulla definizione degli obiettivi, troverai una guida dettagliata nel nostro libro sulla forza mentale.

Mindfulness e meditazione

Pensare troppo è un'inclinazione da superare se si vuole imparare la positività mentale. Un modo molto efficace per affrontare questo problema è la cosiddetta mindfulness. La parola ha origine dall'insegnamento buddista, e spesso viene collegata alla pratica della meditazione. Tuttavia non è necessario essere buddisti per meditare né per trovare la mindfulness.

Quello della mindfulness è un tema complesso, e troverai diversi libri dedicati interamente all'argomento. In poche parole, consiste nell'imparare a concentrarsi sul momento presente e a ridurre l'inclinazione a rimuginare. Insegna che preoccuparsi del futuro è inutile e che sentirsi in colpa o rimpiangere il passato non è altro che uno spreco di energie. Se si rivolge tutta la propria attenzione a ciò che si sta facendo nel momento, il futuro si prenderà cura di se stesso, e si sarà più in grado di vedere gli eventi passati nella giusta prospettiva. Molte stelle dello sport usano la mindfulness per migliorare le loro prestazioni. I dirigenti la usano sempre più spesso per migliorare la loro capacità di concentrazione e sfuggire allo stress delle loro vite impegnative. Una volta imparata, la mindfulness può essere incredibilmente liberatoria e calmante, e si può praticare anche eseguendo compiti banali come camminare o lavare i piatti.

Spesso viene associata alla meditazione. Alcuni usano la meditazione per trovare la consapevolezza, ovvero la mindfulness. Tuttavia corrono una serie di idee sbagliate sulla meditazione che potrebbero impedirti di tentare questo approccio. La gente la associa a persone in tuta da ginnastica che passano ore nella posizione del loto. Spesso la ritengono anche un po' stramba. Presupposti tutti sbagliati. Chiunque può imparare a meditare. Non ci vuole molto tempo e si può fare in qualsiasi momento, con qualunque abito e in qualsiasi posizione, purché comoda.

Molti pensano anche che la meditazione implichi stare seduti per lunghi periodi senza pensare a niente. Anche questo è falso. Il principio centrale della meditazione è imparare ad ascoltare la propria voce interiore e a fare uno sforzo cosciente per rallentare la frenesia mentale. Per meditare, trova un luogo privo di interruzioni e una posizione comoda. Puoi stare in piedi o seduto, o puoi anche camminare. La posizione non ha importanza, purché sia comoda e non ti distragga.

Chiudi gli occhi e rilassati. La prima volta probabilmente ti ritroverai assalito da una raffica di pensieri che si contendono la tua attenzione. Per fermarli puoi usare una tra svariate tecniche. Una delle più semplici consiste nel concentrarsi sul respiro. Conta silenziosamente ogni volta che inspiri ed espiri. Cerca di concentrarti su ogni singolo respiro. Gli altri pensieri andranno e verranno. Non preoccuparti, è normale. Lasciali andare e venire e basta. Se ti ritrovi a seguire un particolare corso di pensieri, prendi le distanze rifocalizzandoti sul respiro.

Non c'è proprio altro da fare. C'è chi trova più semplice la tecnica buddista di immaginare se stessi come una porta che oscilla. Quando inspiri, oscilla in un modo. Quando espiri, oscilla dall'altra parte. Visualizza la porta e usatela per focalizzare la meditazione. Esistono molte tecniche di meditazione. Sperimenta per trovare ciò che funziona meglio per te. All'inizio magari medita solo per cinque minuti. Man mano che diventi più esperto, allunga i tempi.

Anche se sembra semplice, è stato dimostrato che la meditazione porta molti benefici. Uno studio realizzato dall'Università di Yale ha scoperto che la meditazione riduce l'attività nella rete in modalità predefinita (DMN), la parte del cervello associata al troppo pensare. Nel 2014 il dottor Madhav Goyal e un team di ricercatori della John's Hopkins University hanno condotto una ricerca sugli effetti della meditazione sulla depressione. I risultati sono stati sorprendenti: la meditazione è risultata efficace quanto i farmaci antidepressivi nel ridurre gli effetti della malattia. Uno studio del 2011 di Sara Lazar, Ph.D., dell'Università di Harvard ha scoperto che la meditazione può cambiare la dimensione di alcune aree del cervello. Ai soggetti sono state date solo otto settimane di formazione Mindfulness Based Stress Reduction (MBSR). Le scansioni cerebrali hanno mostrato che ha portato a un aumento delle parti del cervello associate all'apprendimento, alla memoria e alla regolazione delle emozioni. Lo studio ha anche visto riduzioni delle dimensioni delle parti del cervello responsabili di ansia e paura.

Ma non solo: altri studi hanno dimostrato che la meditazione può produrre cambiamenti rapidi. Uno studio pubblicato su *Psychological*

Science, la rivista dell'Association of Psychological Science, nel 2013 ha scoperto che solo due settimane di meditazione hanno prodotto risultati notevoli in termini di miglioramento della memoria e della concentrazione e riduzione dell'*overthinking*. Molte persone riportano miglioramenti nei livelli di stress e nella concentrazione entro due settimane o un mese.

Prova a rendere la meditazione parte della tua routine quotidiana. Inizia con cinque minuti almeno tre giorni alla settimana (o tutti i giorni, se hai tempo). Continua così per un mese e vedi se riesci a sentire qualche differenza. Nel capitolo 9 troverai diversi esercizi da usare durante la meditazione, specificamente destinati a stimolare il pensiero positivo. Ovvero:

- meditazione della gentilezza amorevole;
- movimento consapevole;
- una settimana di gratitudine.

Usali come parte della tua routine di meditazione.

Come fa la paura a frenarti

La paura è un'emozione normalissima che ha lo scopo di tenerci al sicuro. Tuttavia quella di pericoli fisici è relativamente rara. È più probabile che temiamo cose intangibili, come perdere il rispetto nostro o altrui. La cosa può portare a una paura compulsiva del fallimento. Anche questo è normale: nessuno vuole fallire quando si propone un'azione. Ma se permetti alla paura del fallimento di impedirti di tentare, non raggiungerai mai i tuoi obiettivi.

Per fortuna esiste una serie di tecniche efficaci per affrontarla.

Una fra le più comuni si chiama "*affronta la tua paura*". Si tratta di riflettere sulle radici di una particolare paura. Per esempio, vuoi intraprendere una nuova attività ma sei bloccato dalla paura di fallire. Se inizi a esaminare questa paura nel dettaglio, scoprirai che comprende molte paure sussidiarie. Magari temi di perdere il rispetto di amici, parenti e colleghi. Magari temi di non avere abbastanza soldi per provvedere alla famiglia. O semplicemente di fare la figura dello sciocco in caso di fallimento.

Affrontare le proprie paure significa smontare la paura per guardarla nel dettaglio. Per esempio, la paura di perdere il rispetto della famiglia è davvero razionale? Il rispetto aumenterebbe, grazie alla tua volontà e alla tua capacità di avviare una nuova attività, che abbia o meno successo alla fine? Allo stesso modo, la paura di non avere abbastanza soldi per provvedere alla famiglia si basa sui fatti? Se intraprendi una nuova attività e questa fallisce, non sarai in grado di trovare un altro lavoro? Se pensi alle paure nel dettaglio, scoprirai spesso che sono infondate o che puoi agire per farle scemare. Se riesci ad affrontare le paure minori una per una, scoprirai che anche la paura più grande che ti blocca dall'agire diminuisce.

Un'altra tecnica efficace si chiama "*premortem*". È simile all'idea di affrontare la paura, ma implica il fatto di prendere le paure individuali per esaminare nel dettaglio il peggio che potrebbe accadere, e poi lavorare a ritroso per vedere come evitarlo. Prendi la paura di non avere abbastanza soldi per una nuova attività. Il peggio che può succedere è ritrovarsi senza soldi, senza casa e indebitato. Ora pensa a come puoi arrivare a quella situazione e soprattutto a come evitarla. Magari ponendo dei limiti sia alle spese sia ai prestiti, controllando più spesso la situazione finanziaria e magari chiedendo consiglio in merito. Se poi inserisci queste cose nel progetto, puoi essere certo di evitare lo scenario peggiore.

Forse il modo migliore per affrontare la paura dell'intangibile è aggiustando l'atteggiamento che hai nei confronti del fallimento. Se vuoi essere assolutamente certo di evitarlo, non c'è che un modo: non tentare mai nulla e non correre mai alcun rischio. Ma è molto improbabile che tu raggiunga i tuoi obiettivi seguendo questa regola. Se vuoi invece migliorare la tua vita, devi essere disposto a correre dei rischi. A volte questo implicherà il fallimento. Ma devi imparare a considerare il fallimento non un disastro ma un'opportunità per imparare.

Ogni volta che si fallisce, si impara. Se tenti qualcosa di nuovo, l'apprendimento conseguente ti rende meno probabile un fallimento futuro. Spesso è solo tentando, fallendo, imparando e andando avanti che facciamo veri progressi. Basta ricordare il vecchio adagio del giocatore d'azzardo: mai rischiare più di quanto ci si possa permettere di perdere.

Una cosa alla volta

Cambiare mentalità per accettare e usare il pensiero positivo coinvolge molti elementi diversi e ha applicazioni in tutti gli aspetti della vita. C'è la tentazione di essere multitasking, di provare a fare molte cose allo stesso tempo. Non caderci mai. Il multitasking è quasi sempre meno efficace che un lavoro in sequenza su una cosa per volta.

Il multitasking viene spesso identificato con la virtù nel mondo moderno. Sembra pratico. Abbiamo tutti richieste concorrenti per il nostro tempo e la nostra energia. Svolgere diversi compiti contemporaneamente sembra un modo efficiente di impiegare il tempo. La maggior parte degli studi dimostra enfaticamente che non è vero. Il multitasking produce più attività, ma i ricercatori hanno suggerito che in realtà può ridurre la produttività fino al 40%, e su qualsiasi compito.

In uno studio del 2009[13] un ricercatore della Stanford University, Clifford Nass, ha scoperto che i "multitasker" abituali erano significativamente peggiori nel selezionare le informazioni importanti dai dettagli non attinenti. Questi abituali multitasker si rivelavano inefficaci anche quando veniva loro presentato un singolo compito. Sembrava che il multitasking costante avesse per certi versi diminuito la loro capacità di identificare ciò che era veramente importante.

Questi studi dimostrano che lavorare in modo sequenziale, eseguendo un compito e rimanendovi concentrati fino al suo completamento, è sempre più efficace che cercare di fare diverse cose in una volta.

Quando pensi di introdurre il pensiero positivo nella tua vita, lavora in modo sequenziale. Non cercare di aggiungere il pensiero positivo a tutto ciò che fai in una volta sola. Fa' un piano. Decidi dove vuoi incorporarlo con precisione. Inizia dalle piccole cose. Applica le nuove tecniche, vedi come funzionano e come cambiano il tuo pensiero. Solo allora pensa a espandere il pensiero positivo ad altre aree.

---

[13] Ophir E, Nass C, Wagner AD. *Cognitive control in media multitaskers*. Atti dell'Accademia Nazionale delle Scienze degli Stati Uniti d'America, 2009

Fa' un passo alla volta.

Dove ti collochi ora?

È importante che tu abbia chiaro a che punto ti collochi in questo momento in termini di pensiero positivo. Dovresti aver già completato la valutazione del pensiero positivo nel capitolo 9. In caso contrario, fallo adesso.

La valutazione confermerà il tuo attuale stile emotivo e identificherà tre aree in cui il pensiero positivo farà la massima differenza. Magari ci sono elementi del lavoro in cui sembri bloccato in schemi di negatività... magari hai delle relazioni (o una in particolare) basata sulla negatività...

Da dove scegli di iniziare dipende da te. Sta tutto in quali aree della vita vuoi cambiare. Una volta identificatene tre, esaminale più nel dettaglio. Ci sono particolari comportamenti che vuoi cambiare? Ci sono particolari progetti o riunioni di lavoro in cui hai difficoltà a parlare e a mantenere una visione positiva? Ci sono situazioni personali in cui ti ritrovi costantemente negativo?

Fai riferimento ai tuoi valori e ai tuoi obiettivi. Spesso la negatività è il risultato di azioni non in accordo con i propri valori, o di azioni non volte al progresso verso i propri obiettivi personali. Cosa devi fare per cambiare comportamento e farlo corrispondere a questi valori e obiettivi?

Chiediti anche se la paura ti rende negativo. Spesso non agiamo o non parliamo semplicemente per paura. Magari del conflitto. Magari paura di perdere il rispetto degli altri o di rendere infelici o addirittura ostili gli altri, dicendo ciò che pensiamo veramente. Usa le tecniche di dominazione della paura per capire e contrastare le tue paure.

Solo una volta che sei certo di dove ti collochi in questo momento, puoi decidere da dove cominciare a usare le tecniche del pensiero positivo.

Se vuoi saperne di più su come imparare ad affermare le tue emozioni e i tuoi bisogni, consulta il nostro libro sull'assertività.

Sviluppare una narrazione di sé positiva

Il modo in cui pensiamo alle nostre esperienze di vita si chiama auto-narrazione. Si tratta delle storie che raccontiamo a noi stessi sui nostri fallimenti e successi. Prova a pensare a un esempio di ciascuno di essi nella tua vita. Scrivi un breve riassunto di entrambi.

Ora esamina come vi hai pensato. Come hai raccontato la storia del tuo successo? Se è stato un successo sul lavoro, hai davvero riconosciuto i tuoi sforzi, la tua dedizione e i tuoi risultati? O li hai messi da parte per attribuire invece il successo alla fortuna o al caso? Purtroppo è quello che facciamo in molti. Completa l'esercizio *Celebrare i successi* del capitolo 9 per focalizzare il tuo pensiero.

Ora prendi in considerazione il fallimento. L'hai attribuito direttamente alle tue incapacità, inazione o anche incompetenza? Anche questo è molto comune. Tuttavia, la verità è che l'azione o l'inazione altrui è spesso un fattore che contribuisce. La maggior parte dei fallimenti non è interamente attribuibile a noi stessi, eppure è così che li vediamo.

Riesci a vedere come questa auto-narrazione abbastanza tipica sia complessivamente negativa? Si presume che il successo sia dovuto a influenze esterne, ma si abbraccia il fallimento come appartenente interamente a noi. Impariamo questi stili di narrazione personale presto, nella vita. Spesso minimizziamo il nostro ruolo nel successo perché fare altrimenti è visto come vanaglorioso o egoista. È un errore fondamentale. Se vuoi diventare un pensatore positivo, devi imparare a riformulare la tua auto-narrazione per farti positivo e solidale con te stesso.

Una ricerca condotta dalla Northwestern University[14] e pubblicata nel *Journal of Experimental Social Psychology* ha suggerito un nuovo modo di costruire narrazioni di sé positive: narrazioni di sé di costruzione della competenza. Questo approccio comporta uno sforzo cosciente per esaminare sia i successi sia i fallimenti in modo diverso.

---

[14] Brady K. Jones*, Mesmin Destin, Dan P. McAdams, *Telling better stories: Competence-building narrative themes increase adolescent persistence and academic achievement*, Journal of Experimental Social Psychology, 2018.

Per i successi, dovresti pensare a come competenza, abilità, esperienza e lavoro tuoi hanno portato a quel successo. Immagina se ti fosse mancata una di queste qualità. Avresti ottenuto lo stesso il successo? Per i fallimenti, pensa specificamente allo sforzo fatto. Poi pensa che sei stato in grado di affrontare il fallimento e, soprattutto, pensa a cosa hai imparato dall'esperienza che ti aiuterà a evitare la stessa situazione in futuro. Se vi pensi così, sia i successi sia i fallimenti possono contribuire al pensiero positivo.

Torna all'esempio di un fallimento e di un successo selezionati sopra. Applica le tecniche della narrazione di costruzione della competenza per rivederli di nuovo. Racconta entrambe le storie in modo positivo. Cambia il tuo sentire rispetto a quel successo e a quel fallimento?

Impara ad applicare questa tecnica in modo coerente. Non limitarti a glissare sul successo e a crogiolarti nel fallimento. Crea una narrazione per entrambi che sia la storia di ciò che hai raggiunto e imparato. Se lo fai regolarmente diventerà un'abitudine. Incorporare naturalmente la costruzione della competenza nella propria auto-narrazione è un modo efficace e comprovato per incrementare il pensiero positivo.

C'è sempre da imparare

Diventare un pensatore positivo aumenterà la fiducia in te stesso. Dovrai comunque sempre stare in guardia per evitare che la fiducia diventi arroganza. Per quanto s'impari e per quanto grandi siano i successi, c'è sempre altro da imparare. Le persone di maggior successo non solo sono abbastanza sicure da raggiungere i propri obiettivi, ma hanno sufficiente umiltà da accettare che c'è sempre spazio per migliorare.

C'è chi confonde l'umiltà con la debolezza e l'incertezza, ma è un errore. L'umiltà consiste nel riconoscere che nessuno può mai sapere tutto e che, per quanti obiettivi si raggiungano, c'è sempre altro da imparare.

Il pensiero positivo ti renderà più felice, più soddisfatto e più sano. Non perfetto. Non perdere mai di vista questo punto e non lasciarti tentare dai paragoni con gli altri. Lo facciamo tutti, ma non né utile né produttivo. Sii consapevole dei tuoi valori interiori e chiaro sui tuoi obiettivi. Misura i tuoi progressi non in base agli altri, ma in base a quanto le tue azioni sono in linea con i tuoi valori e fanno progredire i tuoi obiettivi.

Positività tossica

Ormai hai capito che la positività comporta benefici fisici e mentali di ogni sorta. È una mentalità che può cambiarti la vita in meglio. Tuttavia gli psicologi sono arrivati a riconoscere un atteggiamento chiamato "*positività tossica*", che può effettivamente rendersi dannosa. Diamole un'occhiata e vediamo come evitarla.

Una delle cause principali della positività tossica è la convinzione che, per rimanere positivi, non si debba mai provare infelicità, rabbia, frustrazione o qualsiasi altra emozione negativa. Le persone che stanno cercando di diventare pensatori positivi possono provare sentimenti di colpa e vergogna quando cercano di negare le emozioni negative. Sfortunatamente, quasi certamente affronterai battute d'arresto e fallimenti nella vita, per quanto tu sia ottimista. Di fronte a circostanze stressanti, è del tutto normale sentirsi preoccupati, ansiosi o persino arrabbiati. Non cercare di sopprimere né ignorare queste emozioni. Ma non soffermatici neanche. Accettale e poi va' avanti, usando la cura di sé e la positività per vedere i passi da compiere per migliorare la situazione. Positività non significa non dover mai più affrontare sfide o provare emozioni negative. Dà semplicemente gli strumenti per affrontarle.

Un altro aspetto della positività tossica è ignorare i problemi, sia propri sia altrui. C'è chi sembra avere la sensazione che essere positivi significhi vedere solo eventi e circostanze positive e sviluppare una sorta di cecità selettiva per tutto ciò che è negativo. Se ignori i problemi, questi non faranno che peggiorare. Far finta che tutto vada bene quando chiaramente non è così non è un pensiero positivo, è solo un modo per nascondersi dalla realtà. Accetta i problemi e usa il pensiero positivo per capire cosa li sta causando e trovare il modo migliore di agire per affrontarli. Se altre persone esprimono emozioni difficili, non ignorarle né cercare di minimizzarle, e non cercare di liquidare quella persona con un consiglio raffazzonato e superficiale come "*Sii ottimista!*". Usa il pensiero positivo e le tue capacità di ascolto per essere di supporto e trovare modi per migliorare la situazione.

Essere un pensatore positivo non significa non provare mai emozioni negative. Essere felici è una scelta, ma fare questa scelta non significa che sarai né che dovrai essere felice il 100% delle volte. Accettalo ed evita quindi le peggiori insidie potenziali della positività tossica.

Capitolo 5: strumenti per costruire il pensiero positivo

Concentrarsi su valori e obiettivi

Nell'ultimo capitolo abbiamo cercato di stabilire quali sono i tuoi valori personali e di fissare obiettivi che vi siano in linea. Come puoi usare questi obiettivi per favorire il pensiero positivo?

Quando devi prendere una decisione, usa i tuoi valori e i tuoi obiettivi come aiuto per decidere. Prendi una decisione in accordo con i tuoi valori e, quando possibile, che faccia progredire i tuoi obiettivi. Se usi questi criteri, prenderai decisioni più positive.

Prendi l'abitudine ogni sera, quando vai a letto, di rivedere i progressi compiuti nel corso della giornata verso i tuoi obiettivi. Festeggia i successi. Valuta le azioni intraprese in accordo ai tuoi valori, per quanto piccole.

Se vivi un fallimento o una battuta d'arresto nella strada del progresso verso gli obiettivi, usa un approccio auto-narrativo di costruzione della competenza per considerare cos'hai imparato dall'esperienza. Pensa a come questo apprendimento ti aiuterà ad avere successo in futuro. Non permettere mai che un fallimento ti porti a rinunciare a un obiettivo. Usa invece il fallimento per capire come fare progressi più efficaci.

Gli obiettivi non sono una voce da stabilire e poi dimenticare. Rivedili spesso. La vita e le circostanze cambiano, e un obiettivo che dodici mesi fa sembrava importantissimo potrebbe essere meno importante ora. Se vogliono fornire la motivazione di cui hai bisogno, i tuoi obiettivi devono essere rilevanti per la tua situazione attuale. Aggiornali a seconda delle necessità.

Usare la meditazione

Nel capitolo precedente abbiamo parlato della meditazione e di come può aiutare a sviluppare la consapevolezza, o mindfulness, uno stato mentale che aiuta a costruire il pensiero positivo. Come introdurre la meditazione e la consapevolezza nella routine quotidiana?

Cerca di riservare del tempo alla meditazione. Non importa dove, purché tu non sia disturbato. Ricorda che puoi meditare anche solo per cinque minuti, o per tutto il tempo che hai a disposizione. Gli studi hanno dimostrato che anche solo due minuti di meditazione possono portare a miglioramenti misurabili nella riduzione dello stress e nel benessere mentale.

Stabilisci un tempo nella tua agenda giornaliera per la meditazione. Può essere la prima cosa da fare al mattino, o l'ultima la sera, o può inserirsi anche durante la giornata lavorativa, a condizione che trovi un momento e un luogo in cui ti senti a tuo agio e non ci siano interruzioni.

Ricorda che lo scopo della meditazione non è quello di concentrarsi sui pensieri positivi. La meditazione ideale non si concentra su alcun pensiero. Ma anche solo l'assenza di pensieri stressanti o negativi dà una notevole spinta alla positività.

Se lo trovi utile, usa la meditazione guidata. In questo caso c'è la voce di un insegnante, a volte della musica, a guidare e approfondire la meditazione. Basta inserire *"meditazione guidata positiva"* in qualsiasi motore di ricerca e troverai molti esempi gratuiti online. Sperimenta finché non trovi ciò che funziona meglio per te.

Utilizzare la tecnica RAIN

Questa tecnica è stata sviluppata dall'insegnante buddista e cofondatrice di Vipassana Hawai'I Michele McDonald, per poi essere ulteriormente sviluppata e adattata dalla psicologa e autrice Tara Brach, Ph. D[15]. La tecnica RAIN è legata alla mindfulness ed è destinata ad aumentare la positività riducendo l'impatto dei pensieri angoscianti o negativi. RAIN, che significa "pioggia", è un acronimo che sta per:

- *recognize*: riconosci;
- *accept*: accetta;
- *investigate*: indaga;
- *not-identify*: non identificarti.

Se fatichi ad affrontare emozioni negative, puoi usare i quattro passi della tecnica RAIN come segue.

Riconosci. Concediti il tempo di identificare le singole emozioni che ti turbano. Stila una lista mentale. Non cercare di etichettarle come positive o negative, ma dedica del tempo a capire veramente da dove provengono. Molti trovano utile questo primo passo perché può aiutare a districare quella che può essere una complessa rete emotiva.

Accetta. Non cercare di sopprimere le emozioni, anche se negative. Accetta semplicemente che esistano. Non è sempre agevole. Può anche risultare sgradevole. Tuttavia, il primo passo per affrontare le emozioni è semplicemente accettarne l'esistenza.

Indaga. Poniti delle domande sulle emozioni che hai identificato. Ti sei mai sentito così prima d'ora? Riesci a vedere da cos'è scaturita questa emozione? Riesci a vedere qualche azione che ti aiuterà a ridurla? Cerca di non porre l'indagine come un interrogatorio ma come una chiacchierata amichevole e di

---

[15] Tara Brach, *Radical Compassion: Learning to Love Yourself and Your World with the Practice of RAIN*, Penguin Life, 2019.

sostegno con te stesso. Magari visualizza la discussione su queste emozioni con il tuo saggio avvocato, come descritto nel capitolo 3.

Non identificarti. Accetta che le emozioni negative facciano parte di te, ma che come tutte le emozioni sono fugaci e passeranno presto. Pensa a quale azione compassionevole puoi intraprendere per diminuire l'emozione e il suo effetto su di te.

Usare rituali di auto-cura

La cura di sé è parte integrante dello sviluppo del pensiero positivo. Cerca di rendere la cura di te stesso parte della tua routine quotidiana. Questo s'intende con la parola "*rituale*". Troverai molte idee per la cura di sé in questo libro. Scegli quelle che funzionano per te e trova il tempo per loro ogni giorno.

Cerca di trovare il tempo per:

> **l'autocompassione.** Cerca di finire ogni giorno pensando ai tuoi successi. Magari quando ti sdrai a letto ripensa alla giornata e identifica gli eventi che ti hanno fatto sentire felice e soddisfatto. Pensa alle azioni in accordo con i tuoi valori e che ti aiutano a fare progressi verso i tuoi obiettivi;

> **il rilassamento.** Cosa ti aiuta a rilassarti? Ti piace leggere? Guardare la televisione? Fare una passeggiata? Ascoltare musica? Il rilassamento è importante, quindi assicurati di includere il tempo per la forma di rilassamento da te scelta nel tuo programma quotidiano. Non cercare di farlo mentre stai facendo altre attività. Se ti piace ascoltare musica, per esempio, non farlo mentre lavori. Dedica del tempo solo a te e alla musica;

> **le basi.** La meditazione è un ottimo modo per rimanere con i piedi per terra e tornare alle origini. Cerca di includerla nella tua agenda quotidiana, anche solo per cinque minuti;

> **l'esercizio.** Quando il corpo si sente rinfrescato e rinvigorito, è più probabile che la mente sia limpida e senza stress. Cerca di includere l'esercizio fisico nella tua agenda quotidiana. Non vuol dire necessariamente andare in palestra né dedicarsi allo sforzo intenso; dovrebbe comportare almeno una leggera passeggiata al giorno. Mentre cammini, prenditi il tempo per essere davvero consapevole del mondo che ti circonda e apprezza ciò che sta accadendo a ciascuno dei tuoi sensi.

Avere una conversazione consapevole

La maggior parte delle persone conversa continuamente, ma la verità è che molte di queste conversazioni sono effimere e trasmettono poco significato reale. Gli altri ci parlano ma noi non ci concentriamo completamente su ciò che dicono e non rispondiamo in modo appropriato. Può sembrare che prestiamo attenzione, ma stiamo pensando ad altro. Una comunicazione efficace è essenziale per capire gli altri e praticare le abilità necessarie per farsi capire da loro. La conversazione ideale è consapevole, ovvero una conversazione in cui si è pienamente presenti nel momento. Non ci si limita a udire ciò che l'altro sta dicendo, ma lo si ascolta veramente e si comprende il significato che veicola. Prova questi passi per avere una conversazione consapevole:

rimuovi le distrazioni. Spegni il telefono, o nel caso il computer, la televisione o la radio nelle vicinanze, assicurati che sia tutto spento. Assicurati di poter chiacchierare liberamente e senza interruzioni e di essere ascoltato. Per quanto possibile, ignora i pensieri che ti distraggono e dedica tutta la tua attenzione a ciò che viene detto;

guarda l'altro. Cosa ti dicono il linguaggio del corpo e la postura sulle sue emozioni? Stabilisci un contatto visivo frequente, ma senza fissare;

ascolta la voce dell'altro. Le persone comunicano non solo attraverso le parole scelte, ma anche attraverso il tono di voce. A volte si dice una cosa intendendone un'altra. Il tono dell'altro corrisponde alle parole che dice? In caso contrario, chieditene la ragione;

impara a rispondere, non solo a reagire. Troppo spesso, quando non stiamo veramente ascoltando ciò che un'altra persona sta dicendo, reagiamo a ciò che dice con interiezioni senza senso del tipo *"Uhm"*, *"Davvero?"*, *"Wow"*. Quando ascolti con tutta la tua attenzione, alla pausa dell'altro sarai in grado di rispondere chiaramente. Così la persona saprà che hai seguito quello che dice e che hai capito il significato che vuole veicolare;

pensa a chi parla, non a te stesso. Spesso nel corso di una conversazione non ascoltiamo bene l'altro perché stiamo mentalmente provando quello che diremo quando sarà il nostro turno. Fa' lo sforzo di evitarlo. Rimani concentrato su ciò che viene detto. Al momento di una pausa, prenditi un attimo per pensare a quello che dirai e poi rispondi;

le circostanze esterne stanno influenzando la conversazione? L'altro sta vivendo emozioni che influenzano quello che sta dicendo? Sei in grado di riconoscere queste emozioni? Vedi da dove provengono? Sei in grado di abbinare le tue risposte alle emozioni dell'altro?

ascolta senza giudicare. Sii certo di capire quello che l'altra persona sta dicendo, ma rispondi senza essere giudicante e senza metterti sulla difensiva. Quali emozioni genera in te la conversazione? Riesci a riconoscerle? Capisci da dove provengono? Non permettere alle tue emozioni di dominare la conversazione. Sii consapevole di esse e poi lasciale andare.

Rimarrai stupito da quanto grande è la connessione che puoi creare attraverso una conversazione consapevole. Potresti anche rimanere sorpreso da quanto l'altra persona lo apprezzi. La maggior parte delle conversazioni di ogni giorno in realtà coinvolge pochissima comunicazione. Una conversazione genuinamente consapevole fa sì che tutti i coinvolti si sentano più positivi.

Come affrontare l'inclinazione all'*overthinking*

Se sei incline a pensare troppo, ecco alcune tecniche da usare.

Sii consapevole di pensare troppo. Esserne consapevoli è un buon modo per ridurne l'effetto. Spesso pensare troppo è un'azione che si lega al passato o al futuro. Ci ritroviamo a rivedere all'infinito le esperienze passate e a chiederci cosa avremmo potuto fare diversamente. Oppure ci troviamo eccessivamente preoccupati per il futuro, e cerchiamo di prevedere cosa succederà e di concentrarci su potenziali risultati negativi. Pensare al passato è utile solo se si considera ciò che si è imparato e come si può usare questa conoscenza nel futuro. Qualsiasi altro pensiero negativo sul passato è inutile e improduttivo, e dovresti fare lo sforzo consapevole di evitarlo. Pensare al futuro è utile solo se stai riflettendo su ciò che farai, cioè se sei concentrato su azioni e soluzioni.

Concentrati sulla soluzione. È possibile che tu debba affrontare dei problemi in futuro. Tuttavia molti si trovano a ossessionarsi per tutta una serie di cose che potrebbero (o non potrebbero) accadere. Questa concentrazione porta ansia e aumenta la paura, che può impedirti di agire. Non buttar via tempo ed energie mentali per problemi che potrebbero non verificarsi mai. Se invece sei a conoscenza di un problema futuro, allora pensa a cosa fare per risolverlo.

Sfida i tuoi pensieri. Immagina questo scenario: stai andando a una riunione importante. Sei bloccato nel traffico e sai che arriverai in ritardo. Questa situazione è un primo catalizzatore verso l'*overthinking* e l'immaginazione di tutte le cose brutte che possono accadere. Fermati. Fai un respiro profondo e invece sfida la tua mente che corre. Pensa invece a quale azione puoi intraprendere per migliorare la situazione. Puoi chiamare per dire che sei in ritardo? Riprogrammare la riunione? Cosa fai se arrivi in ritardo? Chiedi consiglio al tuo saggio avvocato. Immagina di non esserci tu al volante, ma un amico. Cosa gli consiglieresti di fare? Non permettere all'ansia di prendere il sopravvento. Rifocalizza il pensiero sull'azione positiva che puoi intraprendere.

Il problema del pensare troppo è che non è solo estenuante, ma anche improduttivo. Genera ulteriore ansia e provoca altri pensieri improduttivi in un ciclo di preoccupazioni che raramente porta ad azioni positive.

Umore e alimentazione

"*Sei quello che mangi*" è uno di quei vecchi detti che la scienza moderna ha dimostrato essere vero. Da depressi o semplicemente negativi, è fin troppo facile ritrovarsi a mangiare un sacco di gelato o abbuffarsi di cibi ipercalorici. Sfortunatamente, mangiare male può farti sentire ancora più negativo.

Nessun alimento causa negatività. Tuttavia uno studio del 2014 pubblicato sulla rivista scientifica *Brain, Behavior, and Immunity* ha analizzato i dati di uno studio sulla salute delle infermiere e ha trovato un legame diretto tra depressione e dieta ricca di zuccheri, cereali raffinati e carne rossa. Anche un altro studio pubblicato sull'*European Journal of Nutrition* ha identificato un possibile legame tra molta carne e la depressione.

Fortunatamente ci sono alimenti che hanno l'effetto opposto. Patricia Chocano-Bedoya, scienziata in visita presso il dipartimento di nutrizione dell'Harvard T.H. Chan School of Public Health, ha condotto una serie di studi nel corso di diversi anni e in un'intervista l'Harvard Medical School ha affermato

«Esiste una prova coerente che lega la dieta mediterranea e un minore rischio di depressione.»

Cos'è la dieta mediterranea? Si tratta di una dieta ricca di frutta, verdura, olio d'oliva, cereali integrali e proteine magre come pollo e pesce. È anche povera di carne rossa e grassi malsani. Sappiamo anche che le verdure verdi, come spinaci e cavoli, contengono salutari acidi grassi omega 3 e magnesio, che sembra avere un ruolo significativo nel miglioramento delle funzioni cerebrali e nel risollevamento dell'umore.

Le prove parlano chiaro. Gli alimenti ad alto contenuto di grassi e zuccheri e il consumo eccessivo di carne rossa tendono a deprimere l'umore. Seguire la dieta mediterranea non ti renderà solo sano. Aiuterà ad aumentare la tua capacità di pensare positivamente.

Esercizio

È stato dimostrato che l'esercizio fisico è un ottimo modo di combattere la negatività. Oltre a migliorare la salute e la forma fisiche, fornisce una serie di stimoli mentali. Quando si fa esercizio, il corpo sprigiona sostanze chimiche chiamate endorfine. Queste forniscono un'immediata sensazione di benessere e una mentalità energizzata e positiva. Gli studi hanno dimostrato[16] che anche un breve periodo di fatica fisica può ridurre sentimenti di ansia e depressione, aumentare alcune funzioni cognitive e aiutare a dormire meglio.

Tuttavia, è stato dimostrato che l'esercizio fisico ha anche effetti a lungo termine sul cervello. Diversi studi confermano che le persone che praticano regolarmente un'attività fisica da moderata a intensa hanno prestazioni migliori nei test accademici e neuropsicologici, in particolare in quelli che misurano la velocità di elaborazione mentale, la memoria e la funzione esecutiva. L'attività fisica aiuta anche a evitare il declino cognitivo dovuto all'età e abbassa il rischio di condizioni degenerative come la demenza e il morbo di Alzheimer.

Quanto esercizio si deve fare per vedere miglioramenti sul benessere? Dipende in parte da quanto intensamente ci si esercita. Più impegnativo è l'esercizio, meno tempo bisogna dedicargli per vedere risultati positivi. I consigli del Dipartimento della salute e dei servizi umani degli Stati Uniti suggeriscono che per gli adulti l'ottimale sia dai centocinquanta ai trecento minuti alla settimana di attività fisica di moderata intensità, come la camminata veloce. Gli studi sembrano indicare che esercitarsi per mezz'ora tre volte alla settimana sia il minimo richiesto, anche se alcuni riferiscono che solo quindici minuti di aerobica ogni giorno possono fare una differenza significativa.

La verità è che molti di noi attualmente fanno poco o nessun esercizio, quindi qualsiasi miglioramento fornirà beneficio. Sali le scale invece di usare l'ascensore, parcheggia più lontano dall'ufficio, scendi dall'autobus o dal treno una fermata prima del solito e percorri il resto a piedi o fa' una

---

[16] *Physical Activity Guidelines for Americans*, 2nd Edition, U.S. Department of Health and Human Services.

camminata veloce tra una riunione e l'altra. Qualsiasi cosa tu possa fare per aumentare il tuo attuale livello di esercizio fisico porterà benefici fisici e migliorerà le tue capacità di pensiero positivo.

Affermazioni

«Un uomo non è che il prodotto dei suoi pensieri. Ciò che pensa, diventa.»

Mahatma Gandhi

Le parole sono potenti. Le parole danno forma ai nostri pensieri e i pensieri dirigono le nostre azioni. Il concetto delle affermazioni si basa su questo principio. Significa descrivere a parole ciò che vogliamo ottenere. Dire queste parole a noi stessi ci aiuta a dirigere i pensieri.

La tecnica dell'affermazione consiste semplicemente nel trovare le parole per descrivere una situazione positiva che si desidera ottenere e poi nel ripeterle a se stessi. L'affermazione non è solo un pio desiderio. Un certo numero di studi dimostra[17] che l'affermazione aiuta effettivamente a ritarare il cervello, facendoci credere in queste idee e che possiamo realizzarle. Pensa alle affermazioni come a degli esercizi per il cervello. Facendo regolarmente lo stesso esercizio fisico, i muscoli diventeranno più grossi e più efficienti in quello stesso esercizio. Ripetendo la stessa affermazione, il cervello imparerà a incorporarne la convinzione in tutto ciò che fa.

Le affermazioni sono personali. Devono essere rilevanti per la tua vita e applicabili alla tua situazione. Provengono sia dai tuoi valori sia dai tuoi obiettivi. Puoi usare la lista di affermazioni sottostante come punto di partenza per creare le tue.

- Ho il controllo della mia vita.
- Ho tutte le qualità necessarie al successo.
- Scelgo di essere felice.
- Sono grato perché la mia vita è piena di abbondanza.
- Il mio futuro sarà come l'ho progettato.
- Sono pieno di energia e di gioia.
- Sono concentrato sul momento presente.

---

[17] J. David Creswell, Janine M. Dutcher, William M. P. Klein, Peter R. Harris, John M. Levine, *Self-Affirmation Improves Problem-Solving under Stress*, National Science Foundation, 2013.

- I miei pensieri sono positivi.
- Sono fiducioso, disposto e capace di far valere le mie esigenze.

Sviluppa una lista di affermazioni che siano positive e rilevanti per te. Ripetile a te stesso diverse volte al giorno.

Trovare il tempo per il divertimento

C'è chi pensa che relax e divertimento siano in qualche modo egoistici e autoindulgenti. Non è affatto vero. In realtà sono importanti nello sviluppo di una mentalità positiva, nonché ottimi modi di ricompensare se stessi e celebrare i successi. Quali sono i tuoi hobby adesso? Cosa fai per rilassarti? Quando imposti l'agenda giornaliera, ricordati di includere tempo per entrambe le attività.

Hai mai desiderato di provare a costruire un kit di modellini, cucire una trapunta o imparare a dipingere? O magari preferiresti imparare a suonare uno strumento musicale, far parte di una squadra sportiva o iscriverti a un corso di ballo... e perché non stai facendo queste cose?

Gli hobby sono affermativi, e molti possono essere mentali. Forniscono una distrazione completa dalle pressioni e dallo stress della vita quotidiana e possono essere una fonte di piacere e di apprendimento. Tutto ciò che ti dà piacere (purché non danneggi te stesso o altri) è positivo. Non preoccuparti di sembrare infantile o stupido. Il tempo per te riguarda te, non quello che pensano gli altri. Assicurati di includere tempo per il relax e il divertimento nella tua agenda quotidiana.

Capitolo 6: il potere della gratitudine

La gratitudine è un potente antidoto alla negatività. Tutti noi abbiamo cose di cui essere grati. A volte non dobbiamo far altro che rifocalizzare il nostro pensiero per riconoscerlo.

Quanto sei grato?

Molti di noi hanno cose che danno per scontate. Non pensiamo alla buona salute finché non ci ammaliamo. Non pensiamo al fatto che abbiamo un lavoro che ci permette di provvedere alla famiglia finché non temiamo di perderlo. Non pensiamo al fatto di vivere in un posto sicuro finché al notiziario non vediamo un Paese colpito dalla guerra o dalla carestia.

Tuttavia la gratitudine non si limita a renderci più positivi. Un certo numero di studi ha dimostrato che migliora anche l'autostima e le relazioni[18], bandisce l'autocommiserazione, riduce l'ansia e la depressione[19], ci rende più capaci di prendere decisioni e ci aiuta persino a dormire meglio[20]. Fortunatamente la gratitudine, proprio come gli altri elementi del pensiero positivo, s'impara.

Prenditi un momento per chiederti quanto spesso ti senti grato. Ogni giorno? Di tanto in tanto? Mai? Molti di noi cadono nella trappola di non sentirsi mai grati. Abbiamo parlato prima del pregiudizio della negatività, della tendenza a concentrarsi sulle cose brutte e a passare meno tempo a pensare alle cose belle. Si può cercare di compensare la situazione facendo consapevolmente lo sforzo di pensare alle cose buone della propria vita.

La gratitudine può essere interamente interiore. Puoi sentirti grato per la salute ma anche per il bel tempo. Ma si può anche provare gratitudine verso altre persone presenti nella propria vita. Quanto spesso esprimi questa gratitudine?

---

[18]   Nezlek, John B. Newman, David B. Thrash, Todd M., *A daily diary study of relationships between feelings of gratitude and well-being*, The Journal of Positive Psychology, 2017.

[19] Fuschia M Sirois, Alex M Wood, *Gratitude uniquely predicts lower depression in chronic illness populations*, American Psychological Association, 2017.

[20] Marta Jackowska, Jennie Brown, Amy Ronaldson, *The impact of a brief gratitude intervention on subjective well-being, biology and sleep*, Journal of Health Psychology, 2015.

Sarebbe un buon momento per completare l'esercizio *Ragioni per essere grati* del capitolo 9.

Il diario della gratitudine

Per fare della gratitudine un'abitudine, magari è il caso di cominciare a scrivere un diario della gratitudine. È stato dimostrato che tenere un diario quotidiano dei propri sentimenti migliora il senso di benessere. Tenerne uno della gratitudine aumenta il pensiero positivo. Con un diario quotidiano della gratitudine sarà più facile superare il pregiudizio negativo e pensare in modo positivo.

La forma precisa che deve assumere il diario non è importante. Magari ti va di scrivere su un quaderno o di creare un file sul computer o nel telefono. Si possono acquistare diari della gratitudine prodotti commercialmente allo scopo. Non importa cosa scegli, purché scrivi le cose di cui sei grato. Il semplice atto di scrivere cambia effettivamente il modo di pensare. Scrivere i propri sentimenti permette al subconscio di lasciarli andare e aiuta te a chiarire ciò che provi. Quando ci si concede il tempo di scrivere, si può scoprire che in realtà si provano sentimenti molto contrastanti su quella stessa cosa. I neuropsicologi hanno anche identificato il cosiddetto *"effetto generazione"*, che dimostra che le persone ricordano più chiaramente il materiale generato da loro stesse rispetto a quello che possono leggere o sentire.

Scrivi nel diario della gratitudine ogni giorno. Fa' in modo che l'aggiunta di una voce entri a far parte della tua routine quotidiana. Puoi tenerlo vicino al letto, in modo da completarlo prima di coricarti. O magari sulla scrivania dell'ufficio, in modo da iniziare la giornata lavorativa con una riflessione sulla gratitudine.

Se ci sono momenti in cui ti senti piombare nella negatività, rileggi il diario della gratitudine per avere un'immediata spinta positiva.

YOU'RE
DOING
GREAT

La gerarchia delle necessità

A volte può essere difficile trovare qualcosa per cui essere grati, soprattutto perché le cose per cui dovremmo esserlo sono diventate così comuni che non ci pensiamo più. Potresti trovare utile la cosiddetta gerarchia delle necessità, un modo di definire e classificare i bisogni umani sviluppato dallo psicologo americano Abraham Maslow negli anni Quaranta.

Maslow spiegò che tutti gli esseri umani hanno necessità che rientrano in cinque categorie classificabili secondo una gerarchia. Solo una volta soddisfatte quelle della categoria inferiore cominciamo a considerare quelle del livello successivo. Eccole, secondo la descrizione di Maslow.

> **Livello 1: fisiologia.** Questo livello include i bisogni fondamentali di cibo e acqua, aria per respirare, riparo dagli elementi e sonno.
>
> **Livello 2: sicurezza.** La necessità di un ambiente in cui essere al sicuro dai danni, un lavoro e un reddito regolare e salute.
>
> **Livello 3: appartenenza.** Il bisogno di intimità, amicizia, famiglia e un senso di connessione a un gruppo sociale o culturale.
>
> **Livello 4: stima.** Include i sentimenti di autostima e il livello di rispetto e stima che percepiamo negli altri nei nostri confronti.
>
> **Livello 5: autorealizzazione.** Il bisogno di sentire che abbiamo raggiunto tutto ciò che le nostre capacità permettono e che siamo in grado di vivere secondo i nostri valori.

Se hai difficoltà a trovare qualcosa per cui essere grato, inizia dal livello 1. Hai mangiato a sufficienza oggi? Eri in un posto che forniva riparo dal freddo e dalla pioggia? Hai dei vestiti che ti tengono caldo? Guardando le cose attraverso questa piramide, ne troverai di sicuro diverse per cui essere grato. Pensa a queste cose e a come ti fanno sentire. Pensa a come ti sentiresti se non fossi in grado di soddisfare quelle necessità.

Tutti hanno qualcosa per cui essere grati!

Essere GLAD, ovvero contenti

Se vuoi aumentare ulteriormente il potere della gratitudine, puoi usare una tecnica nota come GLAD. Questa strategia aiuta a concentrarsi sugli aspetti positivi della vita; se ti va, puoi anche trasformare il diario della gratitudine in diario GLAD.

> **Gratitudine (*gratitude*):** come già detto, trova qualcosa per cui essere grato ogni giorno.

> **Apprendimento (*learning*).** Ogni giorno, cerca di identificare qualcosa di nuovo che hai imparato. Può trattarsi di apprendimento formale o semplicemente di qualcosa che la tua esperienza della giornata ti ha mostrato. Per esempio, magari hai imparato il significato di una nuova parola o che rifiutare una seconda tazza di caffè prima di colazione ti rende più capace di concentrarti. Sii creativo! Ogni giorno porta apprendimento, ma spesso non ce ne accorgiamo.

> **Realizzazione (*accomplishment*).** La maggior parte delle persone tende a pensare ai traguardi in termini di grandi cambiamenti nella vita, come ottenere un nuovo lavoro o superare un esame. Ma ogni giorno ci sono risultati da festeggiare. Sei arrivato al lavoro in tempo? Hai pagato la bolletta? Ti sei ricordato del compleanno di un amico?

> **Piacere (*delight*).** Oggi hai fatto qualcosa che ti ha reso gioioso o hai sperimentato qualcosa di piacevole per i tuoi sensi? L'alba era meravigliosa? Lo scricchiolio della neve sotto gli stivali ti ha fatto sorridere? Il pranzo era particolarmente buono? Hai visto un cartone animato o sentito una barzelletta che ti hanno fatto ridere? Cerca di trovare qualcosa che ti ha migliorato l'umore nel corso della giornata.

Meditazione della gratitudine

In generale, la meditazione non riguarda una cosa in particolare. Si tratta di liberare la mente dai pensieri eccessivi e di essere nel momento presente. Tuttavia si può anche praticare la meditazione riflettendo sulle cose per cui si è gràti. Alcuni studi hanno scoperto che usare una meditazione della gratitudine tre volte alla settimana anche solo per tre settimane può portare a un sostanziale miglioramento del benessere[21].

Puoi creare la tua personale meditazione della gratitudine. Può riguardare qualsiasi cosa, dalla salute all'abbondanza di cibo disponibile nei negozi, all'apprezzamento per le meraviglie della natura o il sostegno degli amici. Scegli qualcosa per cui ti senti personalmente grato e dedica dai cinque ai dieci minuti a rifletterci su.

In alternativa, puoi usare una meditazione della gratitudine guidata. Ne trovi di gratuite online. Consistono nella voce di un insegnante che ti guida attraverso pensieri di gratitudine. Molte di queste meditazioni guidate includono anche una musica rilassante, che può essere un modo semplice ed efficace per meditare. Basta inserire "*meditazione della gratitudine*" in qualsiasi motore di ricerca e ti verranno presentate molte opzioni.

---

[21] Karen O'Leary, Samantha Dockray, *The effects of two novel gratitude and mindfulness interventions on well-being*, Journal of alternative and complimentary medicine, 2015.

Capitolo 7: non sei solo

Esaminare le relazioni

La maggior parte di noi si vede impegnata in una complessa rete
relazionali che includono parenti, amici, colleghi e partner. La nostra
mentalità ha un impatto sulle nostre relazioni, e non c'è dubbio che il
pensiero positivo possa renderti un partner migliore, un amico più solidale
e un collega più efficiente. Tuttavia queste relazioni hanno anche un
effetto diretto sul tuo benessere e soprattutto sulla tua capacità di
pensiero positivo. Le relazioni si sviluppano lentamente nel tempo, e
spesso ci abituiamo così tanto a queste associazioni che non capiamo più
come ci influenzano. È il momento di valutare le tue relazioni per vedere
se hanno un impatto positivo o negativo sulla tua vita.

Ci sono stati diversi tentativi di trovare dei modi per misurare le relazioni.
Alcuni di questi metodi usano complessi metodi analitici per valutare
l'impatto di una particolare relazione. Se vuoi saperne di più su questo
approccio, esistono diversi libri utili a disposizione[22]. Tuttavia, c'è un
modo più semplice per valutare l'effetto che una relazione sta avendo su
di te. Pensa di passare del tempo con una persona in particolare. Pensa
alle emozioni che genera in te.

Tutti noi conosciamo persone inesorabilmente negative. Persone che
sembrano provare piacere nel lamentarsi della loro sorte nella vita, ma
senza mai agire per cambiarla. Non hanno solo accettato il pregiudizio
della negatività, ma sembrano proprio abbracciarlo. Come ti fa sentire
passare del tempo in compagnia di questa persona? In generale, una
persona negativa farà sentire negativo anche te. Di solito queste persone
sono anche egocentriche ed egoiste. Vorranno che ascolti la loro
negatività, ma non sono interessate a come ti senti tu né a quello che hai
da dire.

Conosci qualcuno di simile?

Ora pensa di trascorrere del tempo con una persona positiva. Ha sempre
un sacco di progetti, sa farti ridere e la lasci sentendoti pieno di energia e

---

[22] David Easley, Jon Kleinberg, *Networks, Crowds, and Markets: Reasoning about a
Highly Connected World*, Cambridge University Press, 2010.

ancora più ottimista. Noterai anche che questi ottimisti sembrano essere più disposti ad ascoltarti. Sono effettivamente interessati a come ti senti tu. Possono offrire consigli, se li chiedi, e darti sostegno e incoraggiamento se ne hai bisogno. Di questi due tipi di persone, con quale preferiresti passare il tempo? Per quasi tutti, la risposta è con la seconda persona, quella positiva, piuttosto che con quella negativa. La negatività uccide le relazioni. La positività ne costruisce di migliori.

Naturalmente, la maggior parte delle persone non è facilmente classificabile come completamente positiva o negativa. Tutti noi presentiamo entrambe le caratteristiche in circostanze diverse. Ma in generale la maggior parte delle persone tende alla positività o alla negatività. Pensa alle tue relazioni e prova a vedere, una per una, se sono generalmente positive o negative.

L'influenza delle relazioni

Numerosi studi dimostrano che le relazioni hanno un effetto profondo sul benessere mentale e fisico. L'isolamento sociale (ovvero poche relazioni significative) nuoce. Le persone socialmente isolate tendono a morire più giovani[23] e sono meno resistenti alle malattie[24]. Tuttavia anche le relazioni tossiche hanno un impatto notevole sulla salute. I matrimoni caratterizzati da discordia e conflitto possono portare alla pressione alta e all'aumento del rischio di infarto e di depressione[25]. Le relazioni negative sono associate a comportamenti negativi nello stile di vita e a un aumento del rischio di malattia e di morte[26].

Uno studio del 2011[27] si è spinto anche oltre. Ha concluso che:

- «i legami sociali influenzano la salute mentale, la salute fisica, i comportamenti inerenti alla salute e il rischio di mortalità;
- i legami sociali possono beneficiare della salute al di là degli individui di destinazione, influenzando la salute degli altri attraverso le reti sociali;
- i legami sociali comportano effetti sia immediati (salute mentale, comportamenti di salute) sia a lungo termine, nonché cumulativi, sulla salute (per esempio, salute fisica, mortalità)».

In altre parole, le relazioni positive non ti rendono solo più caldo e più felice. Influenzano le persone intorno a te allo stesso modo. Se ti ritrovi

---

[23] Berkman Lisa F, Syme Leonard, *Social Networks, Host Resistance, and Mortality: A Nine-Year Follow-up Study of Alameda County Residents*. Giornale americano di epidemiologia. 1979

[24] House James S, Landis Karl, Umberson Debra, *Social Relationships and Health*, Science, 1988

[25] Kiecolt-Glaser Janice K, McGuire Lynanne, Robles Theodore F, Glaser Ronald, *Emotions, Morbidity, and Mortality: New Perspectives from Psychoneuroimmunology*. Rassegna annuale di psicologia. 2002.

[26] Umberson Debra, Crosnoe Robert, Reczek Corinne, *Relationships and Health Behaviors across the Life Course*. Rassegna annuale di sociologia. 2010.

[27] Debra Umberson, Jennifer Karas Montez, *Social Relationships and Health: A Flashpoint for Health Policy*, Journal of Health and Social Behavior, 2010.

coinvolto in una relazione negativa, hai solo due opzioni. Puoi porvi fine o puoi cercare di trasformarla in una più positiva. Ma come si fa a cambiare una relazione?

Stabilire i confini

Uno dei modi più efficaci di cambiare una relazione è stabilire confini chiari che proteggano il tuo spazio emotivo. Questi confini sono strettamente legati ai tuoi valori. Quando le persone parlano o agiscono in modi da violarli, si provano negatività e disagio. Lo scopo dei limiti consiste nel render noto agli altri quali sono i tuoi valori e permetterti di farli rispettare.

Per esempio, supponiamo che un tuo valore fondamentale sia l'amicizia. Hai però un amico regolarmente scortese con altri amici, sia tramite azioni sia a parole. Dice regolarmente cose sgradevoli sugli altri tuoi amici e questo ti fa stare malissimo. Devi far valere i tuoi limiti dicendogli quant'è importante per te l'amicizia e che non vuoi ascoltare pettegolezzi scortesi su altri amici. Ogni volta che parla così, devi fare la stessa affermazione. Sii chiaro e fagli capire che non gli stai dicendo di non indulgere in pettegolezzi maliziosi, ma solo che tu non sei disposto a starli a sentire.

I risultati possibili sono due. O la persona in questione arriverà ad accettare di non poter parlare davanti a te in quel modo, o non vorrà più passare del tempo con te. Entrambi sono vantaggiosi. Se modifica il suo comportamento, tu non sarai più complice di una situazione in disaccordo con i tuoi valori. Se poi decide di porre fine all'amicizia con te perché non vuole o non può cambiare il proprio comportamento, allora si trattava di una relazione di cui farai volentieri a meno.

Se ti trovi a provare negatività o disagio quando passi del tempo con qualcuno, è quasi certamente perché non stai agendo in linea con i tuoi valori. Porre dei limiti non è facile, ma è l'unico modo per assicurarsi di poter agire secondo essi, e questa è una parte essenziale del pensiero positivo.

Imparare ad ascoltare

La maggior parte di noi sa udire, ma pochi si concedono il tempo di ascoltare davvero. Abbiamo discusso in precedenza della conversazione consapevole, ma il semplice atto dell'ascolto è una parte fondamentale della comunicazione di successo. Se vuoi che le persone ascoltino quello che dici tu, devi anche imparare ad ascoltarle. L'ascolto è un'abilità che comprende tre attività.

> **Partecipa.** Hai mai parlato con qualcuno che chiaramente non sta prestando attenzione? Magari guarda il telefono mentre parli, riconosce altri di passaggio o semplicemente permette alla propria attenzione di vagare. Esasperante, vero? Assicurati di non farlo mentre parla qualcun altro. Presta tutta la tua attenzione, mantieni il contatto visivo e fagli sapere che quello che si sta dicendo per te è importante.

> **Segui.** Ecco un'altra caratteristica esasperante degli ascoltatori scarsi. Ti fanno parlare ma invece di offrire supporto o almeno riconoscere ciò che hai detto dirottano subito la conversazione verso gli interessi loro. Seguono ciò che hai detto con una litania dei propri problemi, che sono sempre (nella loro percezione) peggiori e più intensi dei tuoi. Non fare lo stesso errore, da ascoltatore. Cerca di capire le emozioni dietro a ciò che l'altra persona sta dicendo e poni delle domande gentili per farti dire di più.

> **Rifletti.** Le persone che non sanno ascoltare raramente capiscono quello che stai cercando di dire. Per confermare che hai capito usa affermazioni come "Penso che quello che stai dicendo sia...", per accertarti quindi di aver compreso bene.

Tutte le relazioni consistono nella creazione di un legame con un'altra persona. Imparare ad ascoltare efficacemente è una parte fondamentale della creazione di questo legame.

Imparare a parlare

La maggior parte di noi è in grado di parlare, ma molti trovano difficilissimo dire ciò che vogliono e di cui hanno bisogno, soprattutto in termini di emozioni. Imparare a dire ciò che si vuole si chiama assertività, ed è un'abilità chiave per chiunque voglia diventare un pensatore positivo.

L'assertività non è uguale all'aggressività né all'arroganza. L'assertività consiste nell'imparare ad affermare i propri bisogni rispettando le necessità e i punti di vista altrui. L'argomento è complesso, ma in parole povere assertività significa imparare a porre dei limiti, a dire "*No*" quando è appropriato e a veicolare messaggi assertivi efficaci che descrivano i tuoi bisogni.

I messaggi assertivi sono appropriati in ogni situazione in cui si vogliano affermare chiaramente i propri bisogni. Rifletti sull'esempio della sezione *Stabilire i confini*, dove vuoi dire a un amico di smetterla di sparlare di altri amici di fronte a te. In questo caso (e nella maggior parte dei casi in cui vuoi affermare te stesso), l'uso di un messaggio assertivo in tre parti funziona bene. Tale messaggio avrebbe questa forma.

> **Descrizione del problema.** Nel caso dell'esempio, potrebbe assumere la forma di "*Sei spesso scortese con le persone mie amiche.*"
>
> **Descrizione dei tuoi sentimenti in merito.** Nel caso dell'esempio, potrebbe assumere la forma di "*Questo mi fa sentire a disagio*".
>
> **Descrizione dell'impatto che ha il comportamento della persona interessata su di te.** Nel caso dell'esempio, potrebbe assumere la forma di "*Quando dici quelle cose, mi sento come se dovessi scegliere tra sostenere gli altri miei amici ed essere d'accordo con te.*"

Noterai che il messaggio espone semplicemente i tuoi sentimenti e le tue reazioni, ma non propone soluzioni. Questo perché le soluzioni più efficaci vengono create insieme. Quando veicoli per la prima volta un messaggio assertivo, l'altro potrebbe mettersi sulla difensiva o addirittura arrabbiarsi. Lascia che passi. Se necessario, ripeti il messaggio. Aspetta che l'altro superi la sua risposta emotiva iniziale e cominci a esaminare razionalmente ciò che dici. Dovrebbe poi offrire delle soluzioni. In caso contrario, potresti dover considerare se vuoi ancora passare del tempo con quella persona.

Se vuoi saperne di più su come imparare ad ascoltare, dire "No" e affermare le tue emozioni e i tuoi bisogni, consulta il nostro libro sull'assertività.

Capitolo 8: il piano per il pensiero positivo

È il momento di mettere tutto insieme e sviluppare il tuo piano personale per il pensiero positivo. Ora che hai capito quant'è importante il pensiero positivo e che differenza significativa può fare nella tua vita, probabilmente non vedi l'ora di iniziare. Del tutto comprensibile. Naturalmente vuoi realizzare i benefici del pensiero positivo seduta stante.

Ma è importante non affrettare le cose né cercare di fare troppo in una volta sola. Cambiare mentalità per diventare un pensatore positivo non si fa dal giorno alla notte. Bisogna costruire nuove abitudini positive che sostituiscano le abitudini negative che possono influenzarti ora. Stai iniziando un processo di cambiamento. Pianifica attentamente, accetta che ci vorrà del tempo e non essere tentato dal multitasking. Fare una cosa alla volta sarà sempre il modo più efficace di procedere.

Obiettivi e valori

Nel capitolo 4 abbiamo discusso dell'importanza dei valori e degli obiettivi. Vale la pena ribadirla anche qui. Obiettivi e valori ti guideranno in tutto ciò che fai. Diventeranno la tabella di marcia che ti fornirà la direzione nel tuo viaggio verso il pensiero positivo.

Rivedi la lista di valori stilata nel capitolo 4. Sono davvero in accordo con le cose che contano profondamente per te? Manca qualcosa? L'elenco non è affatto statico e può evolvere nel tempo. Rivedila regolarmente per assicurarti che copra tutto ciò che è importante per te.

Almeno una volta al giorno, esamina ciò che hai fatto nelle ventiquattr'ore precedenti. Le tue azioni sono in accordo con i tuoi valori? In caso contrario, cosa puoi cambiare per risolvere il problema? Non prendertela con te stesso se a volte agisci in modi poco in linea con i tuoi valori. Pensa invece a ciò che è successo, impara e usa questa conoscenza per agire diversamente la volta successiva. Quando ti comporti in modo conforme ai tuoi valori, in particolare in situazioni difficili, festeggia il risultato con una ricompensa: concediti del tempo extra per un hobby o per rilassarti, guarda uno tra i tuoi film preferiti o preparati un piatto speciale.

E ora rivedi i tuoi obiettivi. Dovresti averne almeno quattro: uno da raggiungere entro il mese prossimo, uno entro sei mesi, uno entro un anno e uno entro cinque. Sentiti libero di averne di più, ma non così tanti da rendere difficile ricordarli tutti. L'ideale conta tra i quattro e gli otto obiettivi.

Ogni singolo obiettivo è

- positivo e
- SMART?

Per alcuni, specialmente per quelli a lungo termine, avrai bisogno di un progetto. Per esempio, se un obiettivo è ottenere una promozione al lavoro entro dodici mesi, ci sono passi intermedi da compiere, come una formazione o l'acquisizione di esperienza, che ti aiuteranno a raggiungerlo? Questi diventeranno sotto-obiettivi, e anch'essi devono essere SMART.

Fai un progetto sulle modalità di raggiungimento di ogni obiettivo.
Prenditi il tempo che ti ci vuole e fornisci tutti i dettagli di cui hai bisogno.
Almeno una volta alla settimana, esamina i progressi fatti verso gli
obiettivi nei sette giorni precedenti. Non arrabbiarti né frustrarti se non
riesci a raggiungere gli obiettivi che ti sei imposto. Il fallimento è un
problema solo se non si impara da esso. Pensa al perché non sei riuscito a
compiere i progressi che volevi. C'era qualcosa che avresti potuto fare
diversamente? Hai impiegato abbastanza tempo e impegno nel perseguire
dell'obiettivo? Il progresso previsto era troppo ottimistico? Quando fai i
progressi sperati, festeggia il risultato.

Pensiero positivo quotidiano

Oltre a pensare ai valori e a valutare i progressi verso gli obiettivi, ci sono altre cose da fare ogni giorno per incrementare il pensiero positivo.

Gratitudine. La gratitudine è l'antidoto più potente alla negatività. Almeno una volta al giorno, prenditi il tempo di considerare qualcosa per cui provi gratitudine.

Meditazione. La meditazione regolare aiuta a prevenire l'inclinazione all'*overthinking* e la mente scimmia. Cerca di programmarla, anche solo per cinque minuti, ogni giorno. Ricorda che puoi usare quella guidata per concentrarti su un argomento in particolare, come la positività o la gratitudine.

Affermazioni. Ripeti a te stesso le tue affermazioni più volte al giorno. Puoi anche impostare dei promemoria sul computer, per essere sicuro di non dimenticarle.

Cura di sé. Includi in ogni giorno del tempo per il rilassamento e l'autocompassione.

Dieta. Seguire la dieta mediterranea non garantirà un pensiero positivo, ma certamente eviterà pigrizia e le sensazioni negative derivanti dal consumo di cibi ricchi di grassi e zuccheri. Assicurati che la tua dieta quotidiana includa il maggior numero possibile di opzioni sane.

Esercizio. L'esercizio fisico aumenta la positività. Cerca di includere in ogni giorno del tempo per un esercizio almeno moderato, come camminare a passo svelto, nuotare, passare l'aspirapolvere, lavare le finestre, passare lo straccio o falciare il prato. Punta ad almeno centocinquanta minuti di esercizio moderato alla settimana, ma se riesci ad aumentarlo a trecento vedrai maggiori benefici. Se fai un esercizio intenso come il jogging, il ciclismo veloce, il tennis, il calcio o l'aerobica, punta a un minimo di settantacinque minuti alla settimana.

Misurare il progresso

Ogni giorno, prova a concederti un momento per pensare a come il pensiero positivo ha plasmato il tuo comportamento. Riesci a identificare una o più situazioni in cui il pensiero positivo ti ha fatto agire in un modo che ti fa sentire bene? Può trattarsi di qualcosa di piccolo, come provare un nuovo posto per pranzo, dare un consiglio positivo a un amico o a un collega o guardare un film o un programma televisivo che ti ha dato entusiasmo e positività. Può anche trattarsi di qualcosa di grosso, come prendere una decisione mediata dal pensiero positivo. Sei in grado di paragonare questo comportamento al modo in cui avresti agito in passato, quand'eri frenato dalla negatività e dalla mancanza di fiducia?

Prova anche a pensare a come il pensiero positivo ti ha fatto sentire in modo diverso ogni giorno. La meditazione ti ha reso più capace di concentrarti ed evitare lo stress? La dieta migliore e l'esercizio regolare ti fanno sentire più forte e più sicuro? O magari hai la sensazione che le affermazioni stiano funzionando e che le situazioni che prima ti facevano sentire timoroso e negativo ora siano meno stressanti?

Dopo aver lavorato sul pensiero positivo per almeno un mese, magari torna indietro e rifai l'esercizio del capitolo 9, *La valutazione del pensiero positivo*. Il tuo stile emotivo è cambiato? Sei stato in grado di applicare il pensiero positivo alle tre aree della tua vita identificate nell'esercizio? Sei ormai pronto per iniziare a usarlo in altre aree?

Ogni singolo giorno, le abitudini del pensiero positivo stanno facendo la differenza nella tua vita. Sii consapevole di questi cambiamenti e festeggiali per mantenere alta la motivazione. Presto il pensiero positivo diventerà automatico.

Concentrarsi su materiale positivo e motivante

Ogni giorno sei bombardato da informazioni, tra spot e materiale promozionale. Probabilmente guardi televisione e film, ascolti la radio e podcast e leggi. Tutte queste informazioni vengono elaborate dal tuo cervello, e influenzano direttamente il tuo umore e il tuo livello di positività. È quasi impossibile evitare la pubblicità, ma si può essere selettivi su ciò che si sceglie di guardare, ascoltare e leggere.

Da quando esistono i film e la televisione, ci sono stati accesi dibattiti sui potenziali effetti negativi di questi media, tra cui l'incitamento all'aggressione e alla violenza, il rafforzamento degli stereotipi sessuali e sociali e l'aumento della percezione che il mondo sia un luogo spaventoso e pericoloso. Tuttavia studi più recenti suggeriscono che i media a cui siamo esposti hanno anche la capacità di avere un impatto positivo su di noi.

Per esempio, nel 2012 uno studio condotto da uno dei principali studiosi nel campo della ricerca sui media, Mary Beth Oliver della Penn State University[28], ha esaminato i film che ritraevano la "*virtù morale*", attributi come la gratitudine, la generosità e la lealtà. A un gruppo di soggetti è stato chiesto di identificare i film recenti piacevoli o significativi per loro. I film piacevoli erano semplicemente quelli che i soggetti si divertivano a guardare. Quelli significativi erano quelli che i soggetti ricordavano intensamente in un secondo momento e che li avevano colpiti emotivamente. Quasi senza eccezione, i film identificati come significativi includevano contenuti altruistici come la lotta per la giustizia sociale o la cura per i deboli.

Una ricerca precedente suggerisce che l'aumento della fruizione di televisione e film ha portato a quella che è stata identificata come "*sindrome del mondo cattivo*", ovvero alla sensazione che il mondo sia spaventoso e pericoloso. Tuttavia questa ricerca più recente indica che

---

[28] Oliver, Mary Beth; Hartmann, Tilo; Woolley, Julia K. , *Elevation in Response to Entertainment Portrayals of Moral Virtue*, Human Communication Research, 2012.

determinati tipi di media possano anche portare alla "*sindrome del mondo gentile*", quindi a una visione molto più positiva dell'ambiente.

Le implicazioni per il pensiero positivo sono chiare. Se scegli attentamente a quali media esporti (e questo include ciò che leggi e ascolti, oltre a ciò che guardi), la pratica può avere un effetto significativo sulla tua mentalità. Se scegli costantemente materiale d'ispirazione, questo ti darà una spinta a lungo termine. Consumare media non è diverso dal consumare cibo. Se mangi sano solo di tanto in tanto, vedrai pochi effetti complessivi sulla salute. Ma se fai del mangiar sano una parte regolare del tuo stile di vita, diventerai più sano. Se fai la scelta consapevole e coerente di guardare, ascoltare e leggere materiale edificante, aumenterai la tua capacità di pensiero positivo.

Ogni giorno, pensa ai media che consumi. Stanno sostenendo il tuo desiderio di positività fornendo ispirazione e speranza? Potresti essere affascinato dai tetri podcast sulla cronaca nera, ma la verità è che quelli stanno dando una spinta a una visione del mondo come un posto cattivo. Passa ad altri materiali che ti aiutino a vedere il mondo come un posto gentile e solidale.

Il tuo piano in 30 giorni per il pensiero positivo

Ti sarai accorto che questa sezione si intitola *Il tuo piano in 30 giorni per il pensiero positivo*. Potrebbe suonare un po' scoraggiante. Si raggiunge davvero il pensiero positivo in soli trenta giorni? Questo lasso di tempo è sufficiente per trasformare la tua attuale mentalità negativa? La risposta è che questo piano di trenta giorni è solo l'inizio. È un modo strutturato per provare tutte le tecniche importanti del pensiero positivo e vedere come funzionano per te.

Non preoccuparti: non devi completare tutti i passi in trenta giorni (anche se ovviamente puoi farlo!). Puoi spalmare il tutto su qualsiasi periodo ti sia più agevole. Ma cerca di non allungarlo troppo. Raggiungere il pensiero positivo significa stabilire nuove abitudini. Le abitudini si formano meglio compiendo un'azione ripetutamente finché non diventa inconscia. Fare qualcosa intensamente per trenta giorni è un buon modo per iniziare a stabilire nuove abitudini. Tuttavia, se vuoi spalmare i passi su, per esempio, novanta giorni, dovrebbe funzionare comunque. Se hai la tentazione di allungare ulteriormente il lasso di tempo, chiediti se sei davvero pronto a impegnarti nel pensiero positivo. Se pensi che ti ci vorranno più di tre mesi per affrontare tutti i passi, forse hai bisogno di rileggere le parti di questo libro che trattano i molti benefici del pensiero positivo e di usarle per ricavarne la motivazione extra che ti serve.

Cerca di non saltare nessun passo. Sono tutti importanti per costruire positività e fiducia in te stesso.

Ecco il tuo piano in trenta giorni.

> **Giorno 1:** scrivi i tuoi valori di vita e gli obiettivi personali. Sono importanti, quindi non iniziare finché non hai il tempo di pensarci su.

> **Giorno 2:** concediti il tempo di darti un punteggio complessivo su quanto spesso sei soggetto ai sintomi fisici dovuti al pensare troppo. Per insonnia, mal di testa, dolori muscolari e articolari e stanchezza, assegna un punteggio da 1 a 10, dove 1 è "*quasi mai*" e 10 è "*molto spesso*". Registra il punteggio totale.

Giorno 3: iniziate a meditare. Per soli cinque minuti o più a lungo, se senti che ti dà ulteriori benefici. Per il resto dei trenta giorni pratica la meditazione una volta al giorno o, se proprio non riesci a trovarne il tempo, almeno una volta ogni due giorni.

Giorno 4: crea il tuo saggio avvocato. Prenditi il tempo di visualizzare questa persona intensamente. Se ti senti stressato o dubbioso durante il resto di questo piano in trenta giorni, visualizza una conversazione con il tuo saggio avvocato.

Giorno 5: crea la tua lista di affermazioni. Cerca di averne almeno quattro. Per il resto dei trenta giorni, ripetile a te stesso almeno una volta al giorno.

Giorno 6: fa' ginnastica. Se già fai attività fisica regolare, continua col tuo regime attuale. In caso contrario, introduci almeno venticinque minuti di esercizio moderato (come il nuoto o la camminata veloce) nella routine quotidiana. Continua così ogni giorno del piano in trenta giorni.

Giorno 7: la dieta. Dai un'occhiata a ciò che stai mangiando e bevendo in questo momento. Include cibi ad alto contenuto di grassi e zuccheri o molta carne rossa? Pensa a come passare a qualcosa di più simile alla dieta mediterranea. Continua poi così per il resto del piano.

Giorno 8: comincia un diario della gratitudine. Oggi, e per ogni giorno rimanente del piano, prenditi il tempo di scrivere almeno una cosa per cui provi gratitudine. Cerca di trovare una cosa diversa ogni giorno.

Giorno 9: oggi prova qualcosa di nuovo. Prendi una strada diversa per andare al lavoro, vai a pranzo in un posto nuovo, vai in un museo o in una galleria che non hai mai visitato prima. Pensa a quali emozioni ti ha fatto provare l'esperienza.

Giorno 10: questo è un buon momento per fermarsi a riflettere. A questo punto avrai iniziato a meditare, a usare le affermazioni e a tenere il diario della gratitudine. Hai creato il tuo saggio avvocato e hai incorporato l'esercizio fisico e la dieta sana nella tua routine quotidiana. Come ti fanno sentire queste nuove tecniche? Alcune ti sono faticose? Nel caso, magari torna indietro a rileggere la parte pertinente del libro per verificare di fare ciò di cui hai bisogno.

Giorno 11: oggi concentrati sulle tue emozioni. Sii consapevole delle emozioni che ti colpiscono durante la giornata e cerca di capire da dove vengono. A fine giornata, riflettici su e cerca di vedere come hanno plasmato il tuo comportamento.

Giorno 12: oggi prova una meditazione guidata di gratitudine. Trovane una online.

Giorno 13: intrattieni una conversazione consapevole. Identifica qualcuno con cui vuoi avere un legame più profondo e usa le tue capacità di ascoltatore per fargli sapere che capisci veramente quello che sta dicendo.

Giorno 14: oggi concentrati sulle emozioni altrui. Cerca di identificare i sentimenti che stanno influenzando le persone intorno a te e vedi se riesci a capire da dove provengono. A fine della giornata rifletti su ciò che hai osservato e cerca di identificare una persona le cui emozioni ne hanno modellato il comportamento.

Giorno 15: identifica una situazione in cui sei in grado di veicolare un messaggio di assertività che stabilisca o rafforzi i tuoi confini personali.

Giorno 16: crea una narrazione di costruzione delle competenze sul tuo attuale ruolo lavorativo.

Giorno 17: identifica qualcosa di nuovo da imparare. Idealmente, dovrebbe essere qualcosa che attualmente conosci poco. Magari un paese che vorresti visitare, un nuovo regime di esercizi che ti interessa o un autore di cui hai sentito parlare ma di cui non hai letto le opere. Qualunque cosa tu scelga, inizia oggi stesso a informarti sull'argomento scelto e prendi nota di ciò che impari.

Giorno 18: oggi rimescola la tua routine quotidiana. Fai uno sforzo cosciente per fare le cose in un ordine diverso e in momenti diversi.

Giorno 19: è il momento di affrontare la paura. Concentrati su una situazione o su un evento che ti mette apprensione. Può essere qualsiasi cosa: un colloquio di lavoro, un appuntamento al buio, il dentista, il ragno sotto l'armadio. Usa le tecniche "*affronta la tua paura*" e "*premortem*" per esplorarla nel dettaglio. Torna su di essa tutte le volte che vuoi, durante il giorno. Riesaminala di nuovo a fine giornata. È meno intensa di stamattina?

Giorno 20: un altro buon momento di riflessione. Senti di fare progressi? Una delle cose fatte negli ultimi venti giorni ha fatto una particolare differenza per la tua positività? Hai trovato qualcuna di queste cose particolarmente impegnativa? Pensa al perché e alle emozioni che questi successi e queste sfide ti hanno fatto provare.

Giorno 21: guarda un film o un programma televisivo edificante o leggi un libro che ti ispira. Cerca di scegliere qualcosa che normalmente non guarderesti né leggeresti. Scegli qualcosa che includa la rappresentazione della "*virtù morale*". Come ti ha fatto sentire? Entusiasta e ottimista? Non è che magari vuoi continuare a concentrarti su materiale edificante per il resto del piano?

Giorno 22: oggi è il momento dell'autocompassione. Negli ultimi venti giorni hai imparato ad applicare le tecniche necessarie per diventare un pensatore positivo. Come ti fa sentire? Cos'hai imparato? Cos'hai realizzato? Rifletti in particolare sui risultati e datti una pacca sulla spalla per essere arrivato fin qui.

Giorno 23: pratica una meditazione di amorevole gentilezza.

Giorno 24: intrattieni un'altra conversazione consapevole, ma stavolta con una persona diversa.

Giorno 25: oggi ci si rilassa. Qualunque cosa tu faccia per rilassarti, guardare la televisione, leggere, ascoltare podcast, oggi concedigli del tempo extra. Te lo sei guadagnato visto il lavoro dei venticinque giorni precedenti.

Giorno 26: crea una narrazione di competenza sulle tue attuali relazioni personali.

Giorno 27: torna ai valori e agli obiettivi. Senti di fare progressi verso i tuoi obiettivi? Senti che le tue azioni sono ora più in accordo con i tuoi valori?

Giorno 28: concentrati sulle emozioni che provi nel corso della giornata. Vedi qualche differenza rispetto a quelle che hai provato l'undicesimo giorno? Stai provando più emozioni positive?

Giorno 29: ripeti l'esercizio del secondo giorno. La frequenza dei sintomi fisici è cambiata? Quali tecniche di pensiero positivo hanno portato alla maggiore riduzione della tua inclinazione al pensare troppo?

Giorno 30: ce l'hai fatta! Congratulazioni! Ora hai messo in pratica tutte le tecniche del pensiero positivo. Ma il tuo viaggio nel pensiero positivo non finisce dopo trenta giorni.

E adesso?

Abbiamo finito: hai completato il piano in trenta giorni quindi ora puoi mettere da parte questo libro e tornare a come eri prima, giusto?

No!

Durante il piano in trenta giorni hai provato le tecniche di pensiero positivo e le hai incorporate nella tua vita quotidiana. Alcune hanno cominciato a diventare abituali. Molte devono ancora essere incorporate. Invece di fermarti, questo è un buon momento per pensare a ciò che hai imparato e a come pensi di procedere.

Quali tecniche hanno funzionato meglio per te? Quali hanno dato la spinta più significativa alla positività? Queste sono le tecniche e i cambiamenti di stile di vita che devi incorporare nella tua vita: non solo per trenta giorni ma da ora in poi. Diventare un pensatore positivo non è cosa che si fa solo per trenta giorni. È un cambiamento fondamentale del modo in cui vedi il mondo e del posto che vi occupi. Scegli le cose che hanno funzionato bene e rendile parte della tua vita quotidiana.

Quali tecniche non hanno funzionato per te? Magari non hai trovato utile la meditazione. Magari hai trovato che completare il diario della gratitudine ti abbia fatto sentire uno sciocco. Ognuno è diverso e non tutte le tecniche funzionano per ogni persona. Tuttavia, tutte le tecniche di questo libro sono elementi importanti per il pensiero positivo. Non abbandonare ancora quelle che non ti hanno dato una spinta immediata. Prosegui invece con tutte le tecniche per almeno altri trenta giorni. Alla fine di questo periodo, rivedi la situazione. Se alcune sembrano non funzionare, valuta se abbandonarle. Dopo sessanta giorni molte saranno diventate abitudini, e potresti scoprire di volerle invece portare avanti.

Risoluzione dei problemi

Cosa succede se segui la guida di questo libro, adotti tutti gli strumenti propri al pensiero positivo e li includi nella routine quotidiana ma non riesci proprio a scuoterti di dosso la sensazione di negatività? Ecco alcune indicazioni per aiutarti a tornare in pista, lanciato dritto verso la positività.

Qual è il problema? A volte i grandi cambiamenti di vita possono influenzare la capacità di rimanere positivi. La rottura di una relazione, la perdita del lavoro, il trasferimento in una nuova casa o la malattia o la morte di un caro causeranno un'estrema negatività nella mentalità. È normale. C'è una situazione nella tua vita che attualmente ti blocca il pensiero positivo? Ci sono dei passi da compiere per ridurre l'impatto della situazione? In caso contrario, puoi selezionare gli strumenti di pensiero positivo che trovi utili e usarli per sentirti più positivo. Ma forse dovrai accettare che, finché la situazione stressante non sarà passata, potrebbe essere più difficile diventare completamente positivi.

Troppo e troppo presto? Magari vedi i benefici del pensiero positivo e sei tentato di agire il più velocemente possibile? Comprensibile, ma anche controproducente. Il multitasking non è mai efficace quanto lavorare su una cosa alla volta. Raggiungere il pensiero positivo implica stabilire nuove abitudini, processo che non c'è modo di affrettare. Una nuova abitudine può richiedere fino a novanta giorni per essere incorporata nel proprio pensiero. Stai prendendo in considerazione questo fatto?

Torna alle basi. Ti sei forse perso qualcosa di importante? Rileggi i capitoli 4 e 5. Hai una mentalità di pensiero positivo? Hai stabilito chiaramente valori e obiettivi? Hai un approccio flessibile su come sostenerli e hai incorporato la meditazione nella tua routine quotidiana? Hai imparato a gestire l'inclinazione all'*overthinking*? Pratichi le affermazioni quotidiane? Fai abbastanza esercizio fisico e la dieta che segui aiuta a stimolare il pensiero positivo?

Elimina la negatività! Se ti trovi in un modello di pensiero negativo, terminalo immediatamente. Inizia identificando quei pensieri come negativi e inutili. Prova a usare la tecnica RAIN. Fai uno sforzo cosciente per pensare ad altro o inizia un'altra attività per distrarre la mente. Prova a fare un breve esercizio fisico per aumentare le endorfine e la positività. Sfida i pensieri negativi discutendone con il tuo saggio avvocato. Se ti ritrovi a pensare ripetutamente in modo negativo a una specifica situazione, aggiungi una nuova affermazione che evidenzi il positivo della situazione stessa.

Capitolo 9: consigli ed esercizi di pensiero positivo

La valutazione del pensiero positivo

Utilizzando le informazioni del capitolo 1 e, se lo desideri, un test online sullo stile emotivo, valuta il tuo stile emotivo.

Fallo tutte le volte che ne hai bisogno, rispondendo alle domande basate su un aspetto particolare della tua vita, per esempio il lavoro, le relazioni, il contesto sociale, etc.

Ora dovresti essere in grado di vedere dove la mancanza di pensiero positivo ha il maggiore impatto sulla tua vita.

E adesso metti per iscritto le tre aree in cui il pensiero positivo avrà il maggiore impatto. Parliamo delle aree in cui dovresti applicare le tecniche di pensiero positivo di questo libro. Dopo un mese, rivalutate. Riesci a vedere dei miglioramenti? Riesci ora a vedere altre aree in cui potresti applicare le tecniche? Cerca sempre di avere un elenco aggiornato delle tre aree in cui concentrerai i tuoi sforzi di applicazione del pensiero positivo e continua a valutare i tuoi progressi.

Creare una narrazione del trauma

Questo esercizio consiste nel guardare un trauma che ha plasmato la tua vita e a cambiarne la narrazione in qualcosa su cui si possa costruire.

- Inizia identificando un trauma che ha plasmato la tua vita e la tua risposta emotiva e comportamentale allo stress. Potresti essere in grado di identificarne più di uno. Se è così, crea una narrazione separata del trauma per ciascuno. Scrivi le tue risposte a quanto segue.
    - Descrivi il trauma. Aggiungi più dettagli possibili, descrivendo le azioni tue e altrui.
    - Descrivi le emozioni che provi associate al trauma. In particolare, sii consapevole di qualsiasi sentimento di vergogna, colpa, impotenza o paura.
    - Riesci a identificare uno o più casi in cui le emozioni generate dal trauma continuano a influenzare il tuo comportamento adesso?
    - Scrivi una nuova narrazione del trauma. Sii obiettivo e cerca di scriverlo come se fossi un'altra persona che guarda la situazione dall'esterno. In particolare, concentrati sulla descrizione della tua non responsabilità agli eventi inerenti al trauma.

Rivedere un trauma passato può essere doloroso. È però una maniera preziosa di diminuirne l'effetto. Sii onesto e prenditi il tempo di scrivere di qualsiasi situazione passata che continua a influenzarti.

Meditazione della gentilezza amorevole

La meditazione della gentilezza amorevole è una tecnica di auto-cura ampiamente riconosciuta e utile dimostratasi efficace nella riduzione dello stress e nell'aumento della capacità di creare legami con gli altri.

Pratica la meditazione della gentilezza amorevole.

- Trova un momento e un luogo dove non ci siano interruzioni né distrazioni. Trova una posizione comoda, chiudi gli occhi, rilassa i muscoli e concentrati sul respiro.
- Immagina come sarebbero l'assoluto benessere fisico ed emotivo e la pace interiore. Concentrati su questa sensazione. Ogni volta che espiri, immagina di espirare tensione e stress. Ogni volta che inspiri, immagina di inspirare sentimenti di tranquillità e amore.
- Ripeti a te stesso una o più affermazioni positive. Dovrebbero riguardare specificamente il tuo benessere, come per esempio:
    - sono soddisfatto, sano e forte;
    - oggi darò e riceverò amore e rispetto;
    - ogni giorno imparo e cresco;
    - ho il controllo della mia vita.
- Conserva i tuoi sentimenti di gentilezza amorevole per te stesso per qualche minuto. Se ti ritrovi con l'attenzione alla deriva, reindirizzala verso l'autocompassione.
- Ora dirigi l'attenzione alle persone importanti della tua vita: parenti, partner, figli e amici. Senti l'amore che provi per ognuno di loro a turno e rifletti sulla gratitudine che provi nei loro confronti.
- Quando senti che la meditazione è completata, apri gli occhi.

Quando inizi la meditazione della gentilezza amorevole, magari concentrati solo su te stesso. Quando avrai preso confidenza con la tecnica, allora estendila ad altre persone della tua vita. Magari includi anche persone con cui sei in conflitto. Può rivelarsi utile per i sentimenti di compassione e perdono.

La tecnica precisa che usi per questa meditazione non è importante, purché promuova sentimenti di gentilezza amorevole verso te stesso e gli altri.

Celebrare i successi

Il pregiudizio della negatività può rendere difficile riconoscere tutto ciò che si è raggiunto. Spesso ci concentriamo invece sui fallimenti. Prenditi il tempo di stilare tre liste su diversi temi.

Traguardi passati. Vai indietro quanto vuoi. C'è qualcosa che hai ottenuto a scuola di cui ti senti particolarmente orgoglioso? I risultati degli esami universitario erano qualcosa di cui essere orgogliosi? Hai costruito una fantastica casa sull'albero per i tuoi figli quando erano piccoli? Hai aiutato un amico o un collega in un momento difficile? È facile dimenticare tutte le cose positive che abbiamo fatto, ma è importante celebrarle. Entra nei dettagli quanto vuoi e cerca di elencare almeno dieci cose.

Traguardi attuali. Pensa sia al lavoro sia alla vita personale. Pensa a ciò che hai realizzato nel lavoro. Il risultato non dev'essere per forza un enorme successo di carriera. Arrivare puntuale ogni giorno, anche da stanchi, e dimostrarsi un collega affidabile e di supporto sono risultati che vale la pena notare. Nella tua vita personale, riesci a pensare alle volte in cui sei stato un amico solidale o un partner, un genitore o un parente amorevole?

Traguardi futuri. Pensa a cosa vuoi raggiungere in futuro. Può essere d'aiuto rivedere i risultati passati e attuali. Quali di questi ti fanno sentire più orgoglioso e positivo? Forse è quello il tipo di risultato che vuoi ripetere in futuro.

Scrivere una lettera al proprio io bambino

Scrivi una lettera al tuo io bambino. Dovrebbe essere una lettera che avrebbe potenziato ed energizzato il tuo giovane io. Non pianificare troppo. Scrivi e vedi cosa viene fuori. Magari prima di iniziare l'esercizio medita per liberare la mente.

In particolare, affronta queste domande:

- quali qualità positive vorresti evidenziare al tuo io bambino?
- quale gratitudine vorresti condividere?
- quali risultati vorresti condividere?
- quali paure vorresti negare?
- riesci a pensare a una cosa da scrivere e che farebbe sentire immediatamente il tuo io giovane più positivo?

Cose per cui essere grati

Concediti il tempo di pensare e scrivere qualcosa per cui sei stato grato oggi. Non limitarti alla prima cosa che ti viene in mente. Pensaci davvero e prendi in considerazione le emozioni positive che l'evento ti ha fatto provare. Più descrittivo riesci a essere, più efficace sarà l'approccio.

Ora prova a identificare altre quattro cose della tua vita che ti fanno sentire grato. Ripetiamo: sii descrittivo e prendi nota delle emozioni che ti provocano.

Movimento consapevole

La consapevolezza non è solo una cosa da sperimentare attraverso la meditazione. Molti eventi quotidiani possono essere resi consapevoli, se affrontati nel modo giusto. L'essenza della consapevolezza è essere completamente presenti nel momento e completamente immersi nelle informazioni che i tuoi sensi ti forniscono. Ti elenchiamo di seguito alcuni esempi di applicazione della consapevolezza agli eventi quotidiani.

Camminata consapevole. Questo metodo consiste nell'essere consapevoli di ogni passo e di ogni respiro fatti. Sii anche consapevole del mondo che ti circonda: il sole attraverso gli alberi, il suono del vento sulle foglie, l'odore dell'erba appena tagliata, la sensazione delle foglie che scricchiolano sotto i piedi. Lascia stare cuffiette e musica e non avere fretta. Cammina con calma e costanza, immergendoti totalmente nell'esperienza. La *mindful walking* può essere praticata ovunque e in qualsiasi momento, anche mentre corri da una riunione all'altra, ed è un ottimo modo per calmare la mente scimmia.

Danza consapevole. Sii consapevole di come si sentono le diverse parti del tuo corpo. Sii consapevole delle visioni e dei suoni intorno a te. Fa' caso alle emozioni che la musica provoca in te. Perditi completamente nell'esperienza.

Cucina e alimentazione consapevole. Quando prepari il pranzo o la cena, sii consapevole di consistenza, aspetto e profumo di ogni singolo ingrediente. Quando sei pronto a sederti a tavola, fa' caso a colori, consistenze e profumi. Assapora ogni boccone, apprezzando tutti i gusti e le consistenze. Concentrati interamente sull'atto di mangiare, senza distrazioni.

Lavoro domestico consapevole. Anche una banalità come lavare i piatti può diventare consapevole. Concentrati su quello che stai facendo, non su quello che farai dopo. Goditi la sensazione dell'acqua calda sulle mani e la consapevolezza di ripulire i piatti sporchi. Molte faccende sono incredibilmente d'ispirazione, ma le facciamo di corsa pensando a tutto tranne che a quello che stiamo facendo nel momento. Così le faccende si fanno noiose e poco interessanti. Non è obbligatorio che sia così. Come dice il maestro zen e venerato insegnante di mindfulness Thich Nat Hanh:

> *«So che se mi affretto per mangiare prima il dolce, il tempo di lavare i piatti sarà sgradevole e non varrà la pena vivere. Sarebbe un peccato, perché ogni minuto, ogni secondo di vita è un miracolo[29].»*

Non importa cosa stai facendo: ogni momento della tua vita ha un significato. Sii pienamente presente in tutto ciò che fai e riuscirai a trovare la consapevolezza ovunque.

---

[29] Thich Nhat Hanh, *Il miracolo della presenza mentale: un manuale di meditazione*, Ubaldini Editore, 1992.

Affrontare l'insonnia

Gli effetti dell'insonnia cronica possono essere paralizzanti, ed è molto difficile essere positivi da affaticati, irritati e incapaci di concentrarsi. Se soffri di insonnia acuta e preoccupante, potresti aver bisogno di consultare un professionista della salute. Ci sono anche molti libri e articoli sull'insonnia e su come affrontarla, ma ecco alcuni consigli che potresti trovare utili.

Tieni il letto separato dal resto della tua vita. Il letto è un luogo da associare al sonno e all'intimità e nient'altro. Se lo spazio lo permette, non passare il tempo seduto sul letto durante il giorno. Non rispondere al telefono sul letto e non guardarci la televisione. Altrimenti il cervello arriva ad associare il letto alle attività della vita quotidiana piuttosto che al sonno.

Stai lontano dagli schermi prima e dopo essere andato a letto. Gli schermi di televisori, computer, telefoni e altri dispositivi elettronici emettono luce blu. Il nostro cervello la interpreta come luce del giorno e inibisce la produzione di melatonina nel corpo, una sostanza chimica associata al sonno. La maggior parte dei dispositivi per libri elettronici, come i Kindle, non emette luce blu.

Stabilisci una routine per coricarti. Cerca di andare a letto alla stessa ora ogni sera. Non guardare la televisione né usare dispositivi elettronici per almeno un'ora, prima. Fai uno spuntino leggero e bevi una bevanda priva di caffeina. Alcuni alimenti come uva, fragole, noci, ciliegie e avena contengono melatonina, e possono aiutare il sonno. Fai un bagno caldo, che può stimolare la produzione di melatonina. Completa il diario della gratitudine e medita. Fa' le stesse cose nello stesso ordine ogni sera per creare una routine che dia al cervello il segnale che presto sarà ora di dormire.

Ascolta musica o leggi a letto. Scegli una musica calmante e rilassante. Analogamente, non leggere qualcosa di troppo avvincente, spaventoso o eccitante prima di coricarti. Leggi qualcosa di edificante o un vecchio libro preferito.

Stai lontano dall'alcol. Le bevande alcoliche possono dare sonnolenza, quindi c'è chi beve un bicchierino per aiutare il sonno. L'alcol però può influenzare il cervello in una serie di modi che possono ridurre la qualità del sonno, quindi evitalo prima di andare a letto.

Esponiti alla luce. Esporsi alla luce del giorno nelle prime ore del mattino può aiutare a normalizzare il ritmo circadiano, l'orologio interno del corpo che regola i momenti di sonno e quelli di veglia. Se non è possibile esporsi alla luce naturale nelle prime ore del giorno, prendi in considerazione la terapia della luce.

Esercizio fisico. Oltre a tutti gli altri benefici che porta, l'uso di energia e i cambiamenti della temperatura corporea dati dall'esercizio fisico possono aiutare a promuovere un buon sonno. Evita però l'esercizio intenso nelle due precedenti al sonno, perché potrebbe renderti più difficile addormentarti.

Sharpie
YOU
GOT
THIS

Capitolo 10: conclusione

Questo libro fornisce tutto ciò che è necessario sapere per diventare un pensatore positivo. Spiega anche tutti i benefici che il pensiero positivo porta e come trasformare le tecniche di pensiero positivo in abitudini di vita. Non c'è niente di mistico e nulla che sia basato sulla fede. I consigli di questo libro sono tratti da attuali conoscenze psicologiche e mediche di comprovata efficacia. Non ti garantisce di essere sempre felice né che diventerai ricco o famoso. Significa però utilizzare al meglio le capacità che già hai, cosa che avrà un impatto positivo sulla tua salute e sul tuo benessere.

Ora sai tutto ciò di cui hai bisogno per iniziare a pensare positivamente. Il resto dipende da te. Solo tu puoi prendere la decisione di migliorare e agire per trasformare la tua vita attraverso il potere della positività.

Cosa aspetti?

Se vi è piaciuto questo libro, assicuratevi di lasciare una recensione perché questo ci aiuterebbe enormemente!

IL TUO REGALO

Vorremmo farti un regalo per ringraziarti di aver acquistato questo libro. Puoi scegliere tra uno qualsiasi degli altri nostri titoli pubblicati.

Puoi avere accesso immediato a qualsiasi nostro libro cliccando sul link qui sotto e iscrivendoti alla nostra mailing list:

https://campsite.bio/mastertoday

I nostri altri libri

Disciplina e Forza Mentale: *Costruisci la Fiducia in te Stesso per Sbloccare Coraggio e Resilienza!*

(Con un Manuale in 10 Passi e 15 Esercizi per Raggiungere i Propri Obiettivi e Cambiare Vita!)

Costruisci la fiducia in te stesso e sblocca il coraggio per sopportare le difficoltà e agire in qualsiasi situazione!

La forza mentale ti aiuterà a elevarti al di sopra di molte persone che sono facilmente influenzate da circostanze esterne quali sfide, ostacoli e contrattempi. Ti permetterà di agire sotto pressione e di superare le difficoltà della vita.

Questo libro ti dà le chiavi per sviluppare la vera forza mentale.

Immaginati mentre affronti i problemi della vita con fiducia, certezza e un coraggio da leone. Immaginati mentre affronti qualsiasi problema o contrattempo possibile. Sei pronto?

Se sì, questo libro sulla padronanza della forza mentale e della disciplina è per te!

Costruisci la fiducia in te stesso e sblocca il tuo coraggio e la tua resilienza per affrontare le avversità... persevera, gestisci la pressione e attieniti ai tuoi piani. Smetti di prosciugare le tue energie e ottieni dalla vita più di quanto ritenessi possibile!

Rafforza la mente e padroneggia la disciplina, controlla gli impulsi e sopporta il disagio emotivo e psicologico, causa principale della sfortuna. Fai in modo che sopraffazione, stanchezza ed esagerata fatica sul lavoro siano sintomi del passato.

In **Disciplina e forza mentale** scoprirai:

- cos'è e cosa non è la forza mentale...
- i tratti del carattere che le persone mentalmente forti hanno imparato a sviluppare per elevarsi al di sopra della mediocrità;
- perché motivazione e forza di volontà non sono strumenti affidabili;
- come la disciplina aiuta a ottenere di più dalla vita;
- la forza mentale come ingrediente essenziale per il successo;
- le chiavi per rafforzare la mente e sbloccare le massime prestazioni;
- come ritardare la gratificazione con facilità.

Diventa mentalmente forte. Il libro include un manuale di lavoro passo dopo passo e quindici potenti esercizi che ti aiuteranno a trasformare gli insegnamenti di questo libro in abitudini quotidiane!

Smettila di arrenderti quando la vita diventa difficile. Padroneggia mente e disciplina per diventare resiliente. Inizia il tuo allenamento e prendi subito la tua copia del libro per affrontare le avversità con coraggio!

Scopri di più qui:

https://master.today/books/mental-toughness/

Assertività Quotidiana: Sblocca il tuo io Assertivo e Sicuro, Smettila di Compiacere gli Altri, Stabilisci dei Confini e Di' NO!

(Libro di Lavoro per Trasformare la Tua Vita e il tuo Modo di Comunicare)

Hai la sensazione di non essere abbastanza assertivo? Sei stanco che la gente si approfitti di te?

Forse pensi: "Non voglio offendere le persone. Voglio solo piacergli". Ma cosa succede se non colgono l'allusione e non la smettono di chiedere la tua attenzione e il tuo aiuto? Cosa succede se continuano a insistere e a chiedere ancora tempo, energia o denaro? Come ti faranno sentire? E a lungo termine, che influenza avrà la cosa sui tuoi obiettivi e le tue relazioni con gli altri?

Assertività quotidiana è un libro di lavoro progettato per aiutarti a trasformarti da una persona passiva che accontenta sempre gli altri in un individuo assertivo che parla a voce alta, stabilisce confini sani e dice no quando necessario. Fornisce strumenti pratici che possono essere utilizzati in tutte le aree della vita – a casa, a scuola, al lavoro o in società. Questo libro ha aiutato migliaia di persone ad acquisire sicurezza e imparare a dire NO senza sensi di colpa. È ora che anche TU impari queste abilità!

Questo libro ti insegnerà a smettere di essere passivo e a diventare assertivo con le persone della tua vita. Ecco una panoramica delle cose che imparerai a fare:

- essere più sicuro di sé;
- smettere di farti calpestare dagli altri;
- stabilire confini sani che funzionino per TE!
- dire NO quando è il caso, senza sensi di colpa né vergogna;
- ottenere ciò che TU vuoi dalle relazioni, dalle amicizie, dai parenti, etc.;
- smetterla di sentirti sfruttato da chi ti circonda;
- stabilire dei limiti e dire di no quando è necessario;
- prendere il pieno controllo della tua vita!

Acquista oggi il libro di esercizi sull'assertività Quotidiana!
Scopri di più qui:

https://master.today/books

www.ingramcontent.com/pod-product-compliance
Lightning Source LLC
Chambersburg PA
CBHW071755150726
47998CB00005B/1941